Milady
Revisión del Examen
de Estado de Cosmetología

Servicios en línea

Milady Online
Para acceder a una amplia variedad de productos y servicios de Milady en la World Wide Web, visite la siguiente página:

Delmar en línea
Para acceder a una amplia variedad de productos y servicios de Delmar en la World Wide Web, visite la siguiente página:
> **http://www.delmar.com**
> o utilice la dirección de email: info@delmar.co

thomson.com
Si desea acceder a las páginas de International Thomson Publishing para obtener información sobre mas de 34 editores y 20.000 productos, visite la siguiente página: **http://www.thomson.com**
> o utilice la dirección de email: findit@kiosk.thomson.com

Un servicio de I⊤P®

Típicas Preguntas del Examen de Graduación del Estado

Se ajusta a las Pruebas Nacionales y Requerimientos de Graduación del Estado

Por el Personal de Milady

Editado por Sharon MacGregor

Copyright © 1957, 1962, 1965, 1968, 1969, 1971, 1981, 1982, 1985, 1988, 1989, 1992, 1995, 2000
Milady Publishing Company
(Una filial de Delmar Publishers)

ISBN: 1-56253-475-0

Impreso en Canadá/Printed in Canada

10 9 8 7 6 5 4 3

Milady
Revisión del Examen
de Estado de Cosmetología

Editado por Sharon MacGregor

Milady Publishing
(Una filial de Delmar Publishers Inc.)
3 Columbia Circle, P.O. Box 12519
Albany, Neuva York 12212-2519

Prólogo

Milady's Revisión del Examen de Estado de Cosmetología se ha revisado para ajustarse en la medida de lo posible al tipo de preguntas de cosmetología que se realizan normalmente en pruebas nacionales y de estado. Se ha realizado bajo el auspicio del Consejo Nacional Inter-estatal de Juntas de Cosmetología del Estado.

Esta revisión del libro se ha diseñado para ayudar a los estudiantes en la preparación de sus exámenes de graduación del estado. Además, su utilización regular en la clase puede servir como ayuda esencial para comprender todos los conceptos impartidos en la escuela de cosmetología y a su vez, necesarios en la práctica de cosmetología.

Su enfoque exclusivo en pruebas de opciones múltiples refleja el hecho de que todos los exámenes del estado y nacionales se realizan con este tipo de preguntas.

Las preguntas de los exámenes del estado pueden ser distintas, dependiendo del estado, a las que se incluyen aquí y pueden no abarcar toda la información que se incluye en esta revisión. Pero aquellos estudiantes que estudien y practiquen como se les ha enseñado en clase y que utilicen este libro para prepararse para el examen obtendrán mejores notas tanto en clase como en los exámenes de graduación.

Contenido

Su imagen profesional 1

Bacteriología 7

Descontaminación y control de infecciones 11

Propiedades del pelo y del cuero cabelludo 16

Cubiertas 29

Lavado, enjuagado y acondicionado 31

Corte de pelo 34

Destreza en el peinado 39

Peinado en húmedo 44

Peinado térmico 49

Ondulado permanente 53

Teñido del cabello 60

Relajación química del pelo y permanente de rizo suave 72

Alisado térmico del cabello...77

El pelo artificial..81

Manicura y pedicura 83

La uña y sus trastornos 89

Teoría del masaje..95

Tratamientos faciales 98

Maquillaje facial 101

La piel y sus trastornos 104

Eliminación del pelo no deseado 114

Células, anatomía y fisiología 117

Electricidad y fototerapia 128

Química 132

El negocio del salón de belleza 138

Típico Examen del Estado Prueba 1 :
   100 preguntas de respuestas múltiples 143

Típico Examen del Estado Prueba 2 :
   100 preguntas de respuestas múltiples 155

Respuestas..167

Su imagen profesional

1. El cuidado personal es una extensión del/de la:
   - a) higiene pública
   - b) higiene personal
   - c) desarrollo personal
   - d) ética profesional

   _____

2. La ciencia que trata del mantenimiento diario de la salud de los individuos es:
   - a) cuidado personal
   - b) autoconservación
   - c) higiene personal
   - d) desarrollo personal

   _____

3. Una buena postura previene la fatiga y crea una imagen de:
   - a) superioridad
   - b) higiene personal
   - c) confianza
   - d) cuidado personal

   _____

4. El cuerpo puede mantenerse limpio por medio del uso habitual de:
   - a) desodorantes
   - b) agua y jabón
   - c) hidratantes
   - d) germicidas

   _____

5. Los olores corporales se previenen por medio del baño y del uso habitual de:
   - a) un vestido externo protector
   - b) astringentes
   - c) germicidas
   - d) desodorantes

   _____

6. El mantenimiento de la salud dental y de un aliento agradable se conoce como:
   - a) gargarismo
   - b) higiene bucal
   - c) desodorización de la boca
   - d) lubricación de la boca

   _____

7. Para mantener los dientes en una condición buena y saludable, es necesario un habitual:
   - a) ejercicio físico
   - b) ejercicio bucal
   - c) uso de desodorantes
   - d) cuidado dental

   _____

8. El mal aliento puede tratarse o reducirse por medio de:
   a) gárgaras con un astringente
   b) pastillas para la garganta
   c) ingestión de agua
   d) enjuagues bucales
   _____

9. El descanso y la relajación son necesarios para prevenir:
   a) la fatiga
   b) los malos hábitos alimenticios
   c) la mala higiene bucal
   d) los olores corporales
   _____

10. El esfuerzo excesivo y la falta de descanso tienden a drenar el cuerpo de su:
    a) suministro de sebo
    b) eficiencia
    c) perspiración
    d) riego sanguíneo
    _____

11. Uno de los elementos principales necesarios para una buena salud es:
    a) una dieta equilibrada
    b) un maquillaje adecuado
    c) una ropa apropiada
    d) la desinfección personal
    _____

12. Factores que pueden considerarse peligrosos para la salud son:
    a) un cuarto de baño único
    b) aire y alimentos contaminados
    c) grifos que gotean
    d) espejos rayados
    _____

13. Una de las mejores propagandas para un salón eficiente es un cosmetólogo:
    a) con un cuidado personal adecuado
    b) bien pago
    c) de aspecto juvenil
    d) en buen estado físico
    _____

14. Una consideración importante en la higiene personal es:
    a) una buena postura
    b) la eficiencia
    c) una conducta ética
    d) la limpieza
    _____

15. El uso correcto de la palabra es vital para:
    a) la literatura
    b) la moda
    c) la conversación
    d) el cuidado personal
    _____

16. La adopción de una postura correcta ayuda al cosmetólogo a reducir:
    a) la decoloración de la piel
    b) la fatiga corporal
    c) el exceso de peso
    d) la coordinación muscular
    _____

17. Para conseguir una buena postura, mantenga la cabeza erguida, la barbilla horizontal, el torso erguido, los hombros relajados y:
    a) el abdomen hacia fuera
    b) las rodillas muy juntas
    c) el abdomen plano
    d) los pies separados _____

18. Para sentarse en una buena postura, mantenga los pies y:
    a) los brazos muy juntos
    b) las rodillas muy juntas
    c) la barbilla hacia afuera
    d) el torso relajados _____

19. Para sentarse en una postura confortable, mantenga las plantas de los pies:
    a) en el suelo
    b) cruzadas
    c) extendidas
    d) elevadas _____

20. Los músculos del cuerpo se mantienen en buenas condiciones por medio de:
    a) tónicos
    b) hidratantes
    c) acondicionadores
    d) ejercicio _____

21. Para que el cuerpo adquiera soporte y equilibrio y para facilitar la adopción de una buena postura, el cosmetólogo debe usar:
    a) zapatos fáciles de poner
    b) mocasines de moda
    c) zapatos de tacón bajo
    d) zapatos elegantes _____

22. La higiene personal incluye todos las acciones siguientes, EXCEPTO:
    a) higiene bucal
    b) baño o ducha
    c) limpieza de uñas
    d) vestir a la última moda _____

23. Para evitar esfuerzos en la espalda durante el trabajo, siéntese:
    a) apoyándose en el respaldo de la silla
    b) a un lado de la silla
    c) en el borde de la silla
    d) con las piernas cruzadas _____

24. Un cosmetólogo bien arreglado no usa:
    a) maquillaje
    b) joyas molestas
    c) colonia
    d) reloj _____

25. La higiene pública también se conoce como:
    a) higiene personal
    b) esterilización
    c) saneamiento
    d) desinfección _____

26. Las habilidades que incluyen escuchar, la forma de hablar y la voz forman parte de:
    a) la presentación física
    b) la profesionalidad
    c) la comunicación
    d) las habilidades de gestión

    _____

27. En la ética profesional de los cosmetólogos se incluyen todas las reglas siguientes, EXCEPTO:
    a) respetar las creencias y derechos de los demás
    b) ser leal a su empresario, sus jefes y sus compañeros
    c) tratar a todos con honestidad y honradez
    d) descansar y alimentarse adecuadamente

    _____

28. La atención a los demás se considera la base del/de la:
    a) cuidado personal
    b) desarrollo personal
    c) vitalidad
    d) cortesía

    _____

29. Para tener éxito, es muy importante evitar el olor corporal y
    a) el uso de una pastilla de jabón
    b) la puntualidad
    c) el mal aliento
    d) cuidado personal

    _____

30. En el salón de belleza, debe conversarse sobre temas:
    a) políticos
    b) de debate
    c) religiosos
    d) sin controversia

    _____

31. Una sonrisa de saludo y una palabra de bienvenida son dos características de la personalidad que reflejan:
    a) energía
    b) cortesía
    c) una buena educación
    d) sentido del humor

    _____

32. La cortesía es la clave para:
    a) una negociación efectiva
    b) el éxito
    c) la reserva de citas
    d) vencer a los demás

    _____

33. Uno de los valores personales más importante para el cosmetólogo es su:
    a) personalidad
    b) apariencia física
    c) vestuario
    d) situación financiera

    _____

34. Una buena conversación implica el uso de una voz agradable, una buena elección de las palabras, inteligencia, encanto y:
    a) el cuidado personal
    b) educación
    c) personalidad
    d) repetición
    _____

35. La conducta adecuada en relación con el empresario, los clientes y los compañeros se denomina:
    a) personalidad profesional
    b) ética profesional
    c) cortesía profesional
    d) honestidad profesional
    _____

36. El chismorreo provocará la pérdida de:
    a) la atención del patrón
    b) la gratificación del patrón
    c) la confianza del patrón
    d) el interés del patrón
    _____

37. Un atributo importante de la buena ética profesional es:
    a) el aspecto personal
    b) la lealtad
    c) la higiene personal
    d) la inteligencia
    _____

38. Se debe tratar a todos los clientes con honestidad y honradez, sin ninguna demostración de:
    a) adulación
    b) cortesía
    c) humor
    d) favoritismo
    _____

39. Los clientes respetarán y serán leales a un cosmetólgo:
    a) elegante
    b) divertido
    c) hablador
    d) cortés
    _____

40. El verdadero profesional trata los sentimientos y derechos de los demás:
    a) sin tacto
    b) con familiaridad
    c) con respeto
    d) con desdén
    _____

41. El cosmetólogo juicioso y con éxito suele ser con frecuencia un buen:
    a) cuentista
    b) conversador
    c) oyente
    d) amigo
    _____

42. Es importante tratar a los clientes con:
    a) buen humor
    b) tacto
    c) un lenguaje sencillo
    d) los hechos únicamente
    _____

43. Las reclamaciones y quejas de los clientes deben tratarse rápidamente y:

a) con discreción

b) con una compensación en metálico

c) con un regalo del administrador

d) en persona

Bacteriología

1. El estudio científico de los microorganismos se conoce como:
   - a) patología
   - b) biología
   - c) bacteriología
   - d) genealogía _____

2. Las bacterias son microorganismos unicelulares de:
   - a) origen animal
   - b) origen vegetal
   - c) origen mineral
   - d) origen químico _____

3. Un tipo de bacteria patógena son:
   - a) los parásitos
   - b) los saprófitos
   - c) los patófitos
   - d) los cilios _____

4. Las bacterias patógenas producen:
   - a) salud
   - b) efectos beneficiosos
   - c) antitoxinas
   - d) enfermedades _____

5. Las bacterias nocivas se conocen como:
   - a) saprófitas
   - b) patógenas
   - c) no patógenas
   - d) protozoos _____

6. Las bacterias no patógenas son:
   - a) nocivas
   - b) cocos
   - c) inofensivas
   - d) productoras de enfermedades _____

7. Las bacterias patógenas se conocen normalmente como:
   - a) esporas
   - b) polvo
   - c) gérmenes
   - d) bacterias beneficiosas _____

8. La sífilis está producida por:
   a) bacilos
   b) espirilos
   c) diplococos
   d) cocos
   _____

9. Los cocos son bacterias con:
   a) forma redonda
   b) forma de varilla
   c) forma de sacacorchos
   d) forma curvada
   _____

10. Los bacilos son bacterias con:
    a) forma de sacacorchos
    b) forma redonda
    c) forma de varilla
    d) forma curvada
    _____

11. Los espirilos son bacterias con:
    a) forma redonda
    b) forma de sacacorchos
    c) forma de varilla
    d) forma plana
    _____

12. Las bacterias se reproducen simplemente dividiéndose:
    a) por la mitad
    b) en cuatro partes
    c) en tres partes
    d) en ocho partes
    _____

13. Las pústulas y diviesos son infecciones que contienen:
    a) organismos no patógenos
    b) organismos patógenos
    c) sebo
    d) tiña
    _____

14. Las bacterias también se conocen como:
    a) virus
    b) hongos
    c) microbios
    d) verrugas
    _____

15. Algunas formas de bacterias poseen la capacidad de moverse con la ayuda de:
    a) flagelos
    b) el movimiento del aire
    c) la humedad
    d) esporas
    _____

16. La fase inactiva del ciclo vital de las bacterias se conoce como:
    a) fase patógena
    b) fase de formación de esporas
    c) mitosis
    d) fase no patógena
    _____

17. Una enfermedad contagiosa:
    a) no se transfiere de una persona a otra
    b) se evita por medio de la vacunación
    c) se transmite de una persona a otra
    d) está producida por bacterias no patógenas _____

18. El resfriado común y otros virus están provocados por:
    a) plantas parásitas
    b) virus filtrables
    c) animales parásitos
    d) hongos _____

19. Los desinfectantes no dañan a las bacterias durante la:
    a) fase vegetativa
    b) fase de formación de esporas
    c) fase activa
    d) mitosis _____

20. Las bacterias pueden entrar en el cuerpo a través de la:
    a) piel seca
    b) piel húmeda
    c) piel rota
    d) piel grasa _____

21. La resistencia a las enfermedades se conoce como:
    a) superioridad
    b) inmunidad
    c) ADN
    d) inmunización _____

22. Un ejemplo de infección general es:
    a) un divieso
    b) la sífilis
    c) el envenenamiento de la sangre
    d) una lesión cutánea _____

23. Los organismos que viven en otros organismos sin aportar nada a cambio, se conocen como:
    a) codiciosos
    b) paraorganismos
    c) difteria
    d) parásitos _____

24. Los cosmetólogos no deben trabajar con clientes si tienen:
    a) un resfriado
    b) un carbunclo
    c) un queratoma
    d) una mácula _____

25. El síndrome de inmunodeficiencia adquirida ataca y destruye:
    a) los nervios del cuerpo
    b) el sistema inmunológico del cuerpo
    c) sólo a los homosexuales
    d) a los usuarios de jeringuillas _____

26. El SIDA está causado por:
    a) el virus HIV
    b) herpes
    c) carencias nutricionales
    d) la gripe   _____

27. El virus HIV no se transmite por:
    a) los fluidos corporales
    b) la sangre
    c) el semen
    d) los estornudos   _____

Descontaminación y control de infecciones

1. Las superficies de instrumentos o de otros objetos que no estén libres de suciedad, de aceites y de microbios, son superficies:
   a) estériles
   b) contaminadas
   c) patógenas
   d) infectadas
   _____

2. Las toallitas o algodones contaminados por derrames de sangre, deben desecharse:
   a) en un recipiente para basura
   b) en una toalla
   c) en un contenedor de basura de la calle
   d) en una bolsa de plástico sellada
   _____

3. Los tres niveles principales de descontaminación son esterilización, desinfección y:
   a) limpieza
   b) contaminación
   c) saneamiento
   d) infección
   _____

4. La eliminación de gérmenes patógenos y de otras sustancias de utensilios o superficies se denomina:
   a) limpieza
   b) control
   c) fregado
   d) descontaminación
   _____

5. El nivel de descontaminación que no se requiere en un salón de belleza es:
   a) saneamiento
   b) esterilización
   c) descontaminación
   d) limpieza
   _____

6. La esterilización es utilizada por:
   a) técnicos de uñas
   b) cirujanos
   c) cosmetólogos
   d) doncellas
   _____

7. Las superficies que deben esterilizarse son:
   a) las placas de uñas
   b) las no porosas
   c) la madera
   d) la piel _____

8. La desinfección es un nivel por debajo de la esterilización, porque *no*:
   a) elimina el aceite
   b) mata los microbios
   c) mata la mayoría de los organismos
   d) mata las esporas de las bacterias _____

9. Los instrumentos utilizados para penetrar en la piel pueden:
   a) entregarse al cliente después
   b) ser instrumentos desechables
   c) lavarse con agua y jabón de su uso
   d) manejarse con tenazas _____

10. Nunca debe usar desinfectantes en la piel, el cabello o las uñas, porque:
    a) pueden manchar la piel
    b) pueden producir daños
    c) pueden aclarar la piel
    d) no son bastante fuertes _____

11. Un número importante de la etiqueta de un desinfectante es:
    a) el código de barras
    b) el número de llamada gratuita
    c) el número de registro de la EPA
    d) el número de registro de la MSDS _____

12. La OSHA se creó para regular e implantar:
    a) las acciones peligrosas de los salones de belleza
    b) los entornos sanitarios
    c) los accidentes del hogar
    d) las normas de higiene y salud _____

13. Todos los productos utilizados en las escuelas de cosmetología o en los salones de belleza deben tener:
    a) garantía
    b) un recipiente opaco
    c) MSDS
    d) el número de registro de la EPA _____

14. En la MSDS se incluye la siguiente información importante:
    a) otros usos del producto
    b) requisitos de almacenamiento
    c) otros suministradores del producto
    d) el precio de venta del producto _____

15. Si un utensilio del salón entra en contacto con sangre o fluidos corporales, debe limpiarse y sumergirse completamente en:
    a) alcohol
    b) un desinfectante registrado en la EPA que elimine el HIV-1 y la hepatitis B
    c) formalina
    d) un antiséptico registrado por la OSHA que retarde las enfermedades de transmisión aérea _____

16. Un desinfectante "Formulado para hospitales y centros de salud" debe ser pseudomonacida, bactericida, fungicida y:
    a) pneumonicida
    b) barato
    c) virucida
    d) fácil de diluir para otros usos _____

17. Antes de sumergirlos en un desinfectante, los utensilios deben _____ a fondo:
    a) secarse
    b) limpiarse
    c) calentarse
    d) remojarse _____

18. El propósito real de un esterilizador húmedo es:
    a) desinfectar
    b) higienizar
    c) esterilizar
    d) guardar los utensilios sucios _____

19. La solución utilizada en un esterilizador húmedo debe cambiarse:
    a) cuando se enturbia
    b) semanalmente
    c) diariamente
    d) en días alternos _____

20. El corte accidental de un cliente con un instrumento afilado se conoce como:
    a) herida crítica
    b) emergencia sanguínea
    c) accidente
    d) derrame sanguíneo _____

21. La mayoría de los compuestos de amonio cuaternario desinfectan los utensilios en:
    a) 5-10 segundos
    b) 5-10 minutos
    c) 2-5 minutos
    d) 10-15 minutos _____

22. Los desinfectantes fenólicos se utilizan principalmente para:
    a) goma y plástico
    b) utensilios metálicos
    c) esterilizar la piel
    d) derrames sanguíneos _____

23. En las condiciones que requieren una desinfección hospitalaria hay que usar desinfectantes con:
    a) alto contenido de alcohol
    b) bajo contenido de alcohol
    c) número de registro de la EPA
    d) cualidades barbicidas _____

24. Dos desinfectantes utilizados en el pasado, que se han sustituido por tecnologías más avanzadas y efectivas, son:
    a) quats y fenoles
    b) fenoles y blanqueadores
    c) alcohol y quats
    d) alcohol y blanqueadores _____

25. El nombre técnico del blanqueador es:
    a) hidróxido sódico
    c) cloruro sódico
    b) hipoclorito sódico
    d) hidroclorox sódico
    _____

26. Los baños o limpiadores de ultrasonidos son útiles para limpiar los pequeños orificios de los utensilios, cuando se combinan con:
    a) un desinfectante eficaz
    c) un surfactante ultrasónico
    b) un astringente eficaz
    d) alcohol esterílico
    _____

27. En lugar de usar pastillas de jabón, que pueden cultivar bacterias, debe suministrar:
    a) limpiadores para bebés
    c) toallitas con alcohol
    b) jabón líquido antibacteriano
    d) una manopla
    _____

28. Los utensilios desinfectados deben guardarse en un:
    a) cajón de la mesa de trabajo
    c) recipiente abierto sobre la mesa de trabajo
    b) esterilizador húmedo
    d) recipiente desinfectado y cerrado
    _____

29. El nivel más bajo de descontaminación se denomina:
    a) eliminación de desperdicios
    c) esterilización
    b) saneamiento
    d) control de infecciones
    _____

30. Ejemplo de saneamiento:
    a) hervir los utensilios
    c) lavarse las manos
    b) un autoclave
    d) un esterilizador de perlas
    _____

31. Dos normas universales de precaución son la higiene personal y:
    a) la salud general
    c) el aspecto personal
    b) la actitud
    d) la limpieza del salón de belleza
    _____

32. Los desinfectantes deben guardarse en recipientes:
    a) etiquetados
    c) transparentes
    b) estabilizados
    d) aprobados por la OSHA
    _____

33. Para desinfectar una superficie, debe estar correctamente:
    a) pintada
    c) señalada
    b) limpia
    d) seca
    _____

34. Hay que usar guantes cuando se trabaja con:
    a) antisépticos
    b) agua caliente
    c) desinfectantes
    d) un esterilizador de perlas   _____

35. La esterilización se consigue usando un autoclave de vapor o con:
    a) vapores fríos
    b) enjuagues con alcohol
    c) calor seco
    d) inmersiones en ácido esterilizador   _____

Propiedades del pelo y del cuero cabelludo

1. El estudio del cabello se denomina:
   - a) cabellología
   - b) dermatología
   - c) tricología
   - d) biología
   _____

2. Principalmente, el cabello sirve como adorno y:
   - a) para desviar el sudor
   - b) para reducir la grasa
   - c) para mejorar el aspecto
   - d) protección
   _____

3. El pelo se distribuye por todo el cuerpo, exceptuando las palmas de las manos, las plantas de los pies, los labios y:
   - a) el cuello
   - b) los párpados
   - c) los tobillos
   - d) las muñecas
   _____

4. Los tres tipos de pelo del cuerpo son pelo largo, pelo corto y:
   - a) pelo pigmentado
   - b) vello
   - c) cilios
   - d) cabello terminal
   _____

5. El nombre técnico del pelo de las pestañas es:
   - a) cilios
   - b) barba
   - c) cabello
   - d) supercilios
   _____

6. El pelo se compone principalmente de:
   - a) oxígeno
   - b) queratina
   - c) melanina
   - d) azufre
   _____

7. La composición química del pelo depende de su:
   - a) grosor
   - b) longitud
   - c) color
   - d) patrón de crecimiento
   _____

8. Las dos partes principales del cabello son la raíz y:
   a) el tallo
   b) el folículo
   c) la papila
   d) el bulbo   _____

9. La raíz del pelo se encuentra:
   a) encima de la superficie de la piel
   b) debajo de la superficie de la piel
   c) debajo de la cutícula
   d) dentro de la corteza   _____

10. Las tres estructuras principales asociadas con la raíz del pelo son el folículo, el bulbo y:
    a) la corriente del pelo
    b) la papila
    c) el tallo
    d) la médula   _____

11. La raíz del pelo está recubierta por una depresión de la piel, en forma de tubo, conocida como:
    a) bulbo
    b) arrector pili
    c) papila
    d) folículo   _____

12. Los folículos están inclinados, de manera que el pelo por encima de la superficie:
    a) fluye hacia un lado
    b) forma un remolino
    c) no se desprende
    d) adquiere volumen   _____

13. La estructura en forma de garrote que constituye la parte inferior de la raíz se llama:
    a) arrector pili
    b) bulbo
    c) papila
    d) tallo   _____

14. La papila se encuentra:
    a) debajo de la médula
    b) encima de la raíz
    c) en la parte inferior del folículo
    d) en la superficie de la piel   _____

15. El pequeño músculo involuntario unido a la cara inferior del folículo se conoce como:
    a) músculo erector
    b) arrector pili
    c) flexor de la carne de gallina
    d) tendón folicular   _____

16. Las glándulas de sebo se conocen como:
    a) glándulas sudoríparas
    b) glándulas sebáceas
    c) glándulas endocrinas
    d) glándulas foliculares   _____

17. La sustancia oleosa segregada por las glándulas sebáceas se denomina:
    a) linfa
    b) melanosoma
    c) humectous
    d) sebo
    _____

18. Las glándulas sebáceas están conectadas a:
    a) los folículos pilosos
    b) las arterias
    c) las raíces del pelo
    d) los nervios
    _____

19. Las tres capas del pelo son la cutícula, la corteza y:
    a) el bulbo
    b) la médula
    c) la raíz
    d) el tallo
    _____

20. Las células en forma de escamas de la cutícula protegen:
    a) el cuero cabelludo
    b) la raíz
    c) la estructura interna del cabello
    d) la capa córnea exterior
    _____

21. El pigmento del cabello se encuentra en:
    a) la cutícula
    b) la médula
    c) la corteza
    d) el tuétano
    _____

22. La capa interna del cabello se denomina tuétano o:
    a) cutícula
    b) médula
    c) corteza
    d) capa protectora
    _____

23. Si se arranca el cabello desde las raíces:
    a) no vuelve a crecer
    b) crece gris
    c) crece más grueso
    d) crece de nuevo
    _____

24. Si se destruye la papila, el cabello:
    a) no vuelve a crecer
    b) crece gris
    c) crece más grueso
    d) crece de nuevo
    _____

25. Las cejas y las pestañas se sustituyen:
    a) diariamente
    b) mensualmente
    c) semanalmente
    d) cada 4-5 meses
    _____

26. El color natural del cabello, su fuerza y su textura dependen principalmente de:
    a) la exposición a la luz solar
    b) el folículo
    c) la corteza
    d) la herencia
    _____

27. Una persona que nace sin materia colorante en el tallo del pelo y carece de coloración pigmentaria pronunciada en la piel o en el iris de los ojos se denomina:
    a) vitíligo
    b) deficiente de melanina
    c) caucasiano
    d) albino   _____

28. El cabello gris:
    a) aparece a los 40 años
    b) se multiplica al eliminarlo
    c) se desprende fácilmente
    d) crece gris desde el bulbo   _____

29. En la mayoría de los casos, el cabello gris procede:
    a) del proceso natural de envejecimiento
    b) de una personalidad de tipo A
    c) de una lesión artificial del cuerpo
    d) del albinismo   _____

30. El cabello largo, grueso y pigmentado se denomina:
    a) vello
    b) supercilio
    c) terminal
    d) cilio   _____

31. El vello:
    a) está pigmentado
    b) es grueso
    c) no está pigmentado
    d) está rizado   _____

32. Las tres fases del crecimiento del cabello son anágena, catágena y:
    a) biógena
    b) de transición
    c) activa
    d) telógena   _____

33. La fase del crecimiento del cabello se denomina:
    a) anágena
    b) biógena
    c) catágena
    d) telógena   _____

34. El cabello crece aproximadamente:
    a) 2,5 cm al mes
    b) 1,25 cm al mes
    c) 0,66 cm al mes
    d) 3,16 cm al mes   _____

35. En un momento cualquiera, el _____% del cabello está creciendo.
    a) 10
    b) 50
    c) 75
    d) 90   _____

36. El cabello continúa creciendo durante un periodo de:
    a) 2-6 meses
    b) 2-6 años
    c) 2-6 semanas
    d) 26 meses   _____

37. La fase de transición del crecimiento del cabello se denomina:
    a) anágena
    b) telógena
    c) biógena
    d) catágena
    _____

38. La fase de transición del crecimiento del cabello dura aproximadamente:
    a) 1-2 días
    b) 1–2 meses
    c) 1-2 semanas
    d) 1-2 años
    _____

39. Durante la fase catágena, el folículo:
    a) aumenta de volumen
    b) se vuelve más grueso
    c) se alarga
    d) disminuye de volumen
    _____

40. La parte inferior _____ se destruye durante la fase de transición del ciclo vital del cabello.
    a) de la raíz
    b) del folículo piloso
    c) del bulbo
    d) de la papila
    _____

41. La fase de reposo del ciclo de crecimiento del cabello se denomina:
    a) anágena
    b) catágena
    c) biógena
    d) telógena
    _____

42. La fase de reposo del crecimiento del cabello dura aproximadamente:
    a) 1-2 semanas
    b) 1–2 meses
    c) 2-6 años
    d) 2-6 meses
    _____

43. En un momento determinado, se encuentra en la fase de reposo el _____% del cabello.
    a) 90
    b) 50
    c) 75
    d) 10
    _____

44. Aproximadamente, la pérdida media diaria de cabello es de:
    a) 40-50 cabellos
    b) 400-1.000 cabellos
    c) 40-100 cabellos
    d) 10-30 cabellos
    _____

45. Una cabeza normal tiene cerca de _____ tallos de cabello individuales.
    a) 50.000
    b) 100.000
    c) 1.000.000
    d) 10.000
    _____

46. Los pelirrojos tienen aproximadamente _____ tallos de cabello en la cabeza.
    a) 140.000
    b) 19.000
    c) 9.000
    d) 90.000
    _____

47. El cabello que fluye en la misma dirección se denomina:
    a) raya natural
    b) corriente de cabello
    c) diseño circular
    d) división principal
    _____

48. Se forma una espiral cuando el cabello crece en un:
    a) diseño conflictivo
    b) diseño circular
    c) diseño rizado y recto sobre una cabeza
    d) diseño en forma de copete
    _____

49. Se forma un remolino cuando un mechón de cabello:
    a) crece hacia un punto
    b) crece en círculo
    c) se mantiene vertical
    d) no se riza
    _____

50. Una creencia habitual afirma que:
    a) el cabello se desprende diariamente
    b) la queratina es una proteína
    c) los cabellos finos pueden carecer de médula
    d) el cabello crece después de la muerte
    _____

51. Las tres formas del cabello son redonda, ovalada y:
    a) rectangular
    b) casi plana
    c) triangular
    d) media luna
    _____

52. El cabello liso tiene forma:
    a) redonda
    b) casi plana
    c) ovalada
    d) media luna
    _____

53. La verdadera guía para la forma del cabello es:
    a) la edad de la persona
    b) la nacionalidad de la persona
    c) la dirección en que se proyecta al salir del folículo
    d) el tamaño de su raíz
    _____

54. El cabello de un cliente debe _____ antes de cualquier servicio.
    a) lavarse
    b) analizarse
    c) esterilizarse
    d) secarse cuidadosamente
    _____

55. El único sentido que no se utiliza para analizar el cabello es:
    a) el tacto
    b) el gusto
    c) el olfato
    d) la vista
    _____

56. La *textura del cabello* se refiere a su:
    a) capacidad para absorber la humedad
    b) grado de enderezamiento o rizado
    c) capacidad para mantener un peina do completo
    d) grado de gordura o finura
    _____

57. El cabello _____ posee el mayor diámetro.
    a) fino
    b) liso
    c) gris
    d) grueso
    _____

58. El cabello hirsuto puede tener un aspecto duro y brillante, causado por:
    a) escamas de la cutícula levantadas
    b) escamas de la cutícula planas
    c) exceso de acondicionamiento
    d) la edad
    _____

59. La capacidad del cabello para absorber la humedad se denomina:
    a) textura
    b) elasticidad
    c) porosidad
    d) densidad
    _____

60. Se dice que el cabello resistente tiene:
    a) buena porosidad
    b) cualidades higroscópicas
    c) una porosidad moderada
    d) una porosidad escasa
    _____

61. Una porosidad extrema puede deberse a:
    a) tratamientos de acondicionamiento
    b) daños producidos por tratamientos inadecuados
    c) pruebas de mechones
    d) cepillar el pelo antes de lavarlo
    _____

62. La capacidad del pelo para estirarse y volver a su forma original sin romperse se conoce como:
    a) porosidad
    b) densidad
    c) textura
    d) elasticidad
    _____

63. El cabello puede estirarse un 40-50% cuando está:
    a) dañado
    b) seco
    c) húmedo
    d) con ondulación permanente
    _____

64. Los productos químicos pueden tardar bastante tiempo en penetrar en cabellos con:
    a) textura media
    b) buena porosidad
    c) una porosidad escasa
    d) textura fina
    _____

65. Los científicos mantienen que alrededor del 95% de la pérdida del cabello se debe a una condición progresiva denominada:
    a) alopecia areata
    b) alopecia androgenética
    c) quimioterapia
    d) alopecia genérica
    _____

66. A los 35 años, casi el _____% de los hombres muestra algún grado de pérdida de cabello.
    a) 10
    b) 95
    c) 25
    d) 40
    _____

67. El gen del tipo más común de pérdida de cabello puede ser:
    a) un gen alterado
    b) heredado de los dos progenitores
    c) heredado por la rama materna
    d) responsable de la pitiriasis
    _____

68. En los hombres, una franja de cabello en forma de herradura se conoce como:
    a) patrón de calvicie masculino
    b) calvicie en forma de franja
    c) calvicie en herradura
    d) calvicie de cúpula
    _____

69. La miniaturización de algunos folículos del cuero cabelludo contribuye al proceso de:
    a) alopecia androgenética
    b) alopecia postparto
    c) alopecia areata
    d) desprendimiento telogénico
    _____

70. El proceso de pérdida de cabello es una conversión gradual de los folículos de los cabellos terminales en:
    a) supercilios
    b) folículos en forma de herradura
    c) folículos similares al vello
    d) folículos ampliados
    _____

71. La alopecia androgenética:
    a) no altera los folículos
    b) no altera el número de folículos
    c) altera el tamaño de la estructura folicular
    d) aumenta el número de folículos
    _____

72. La alopecia areata se define como:
    a) calvicie lenta
    b) patrón de calvicie masculino
    c) pérdida súbita de cabello en parches redondos o irregulares
    d) pérdida debida a la tracción repetitiva del cabello por estiramiento o torsión
    _____

73. El desprendimiento telogénico:
    a) puede invertirse
    b) le sucede a todo el mundo
    c) es hereditario
    d) es incurable
    _____

74. La aplicación excesiva de productos químicos o el uso excesivo de peines calientes puede producir:
    a) alopecia areata
    b) desprendimiento telogénico
    c) alopecia androgenética
    d) alopecia traumática
    _____

75. Interrogar a los clientes sobre antecedentes familiares de pérdida de cabello facilita la identificación de:
    a) alopecia areata
    b) desprendimiento telogénico
    c) alopecia androgenética
    d) alopecia postparto
    _____

76. El cosmetólogo puede reconocer los cabellos miniaturizados en el cuero cabelludo del cliente por sus:
    a) puntas planas
    b) puntas redondeadas
    c) puntas abiertas
    d) extremos puntiagudos
    _____

77. En las mujeres, la alopecia androgenética se reconoce por:
    a) una forma de herradura
    b) una raya completa
    c) una cola de caballo de menor diámetro
    d) una cola de caballo de diámetro más poblado
    _____

78. En la detección del desprendimiento telogénico, si se desprenden con facilidad más de _____ cabellos, el cliente tiene una muda activa y puede estar empezando a padecer este proceso.
    a) 15–20
    b) 3–5
    c) 30–40
    d) 1–3
    _____

79. El intervalo de tiempo entre evaluaciones de pérdida de cabello debe ser de:
    a) 4-6 semanas
    b) 2-4 semanas
    c) 2–4 meses
    d) 4–6 meses
    _____

80. El grado de pérdida de cabello en los hombres puede evaluarse valorando su:
    a) textura y elasticidad
    b) forma y densidad
    c) textura y densidad
    d) forma y textura
    _____

81. En el patrón de calvicie masculina, el cuero cabelludo se divide en zona frontal, zona central y:
    a) ápice
    b) parietal
    c) vórtice
    d) vértice
    _____

82 Existe una solución tópica probada médicamente, que hace que vuelva a crecer el pelo cuando se aplica en el cuero cabelludo, denominada:
a) finasteride
b) follicidil
c) monoxidil
d) metacrilato
_____

83. Alargar parcialmente los folículos miniaturizados e invertir el proceso de miniaturización, prolonga la fase de crecimiento del ciclo del cabello y:
a) elimina el vello
b) estimula la formación de raíces
c) permite el crecimiento de cabellos más largos y gruesos
d) elimina la alopecia postparto
_____

84. Para el tratamiento de la alopecia androgenética, existe un medicamento en píldoras denominado:
a) finasteride
b) follicidil
c) monoxidil
d) metacrilato
_____

85. El nombre técnico del cabello gris es:
a) mottiltis
b) moniletrix
c) canosidad
d) ceniza
_____

86. Las franjas alternas de pelo gris y oscuro se denominan:
a) cabello ahumado
b) cabello anillado
c) canosidad
d) canosidad adquirida
_____

87. Un desarrollo anormal de pelo en las zonas del cuerpo que normalmente sólo tienen vello se denomina:
a) hipertricosis
b) moniletrix
c) canosidad
d) fragilitas crinium
_____

88. Tricoptilosis es el nombre técnico que corresponde a:
a) cabello quemado
b) puntas abiertas
c) cabello gris
d) cabello anillado
_____

89. La tricorrexis nudosa se identifica por:
a) una forma de herradura
b) cabello quebradizo
c) falta de elasticidad
d) hinchazones nodulares a lo largo del tallo del pelo
_____

90. El nombre técnico del cabello en bolitas es:
a) tricorrexis nudosa
b) nodositis
c) moniletrix
d) hirsutismo
_____

91. La fragilitis crinium se identifica por:
    a) nudos
    b) bolitas o nodos
    c) puntas abiertas
    d) cabello quebradizo _____

92. El nombre médico de la caspa es:
    a) pitiriasis
    b) pediculosis
    c) epitelialitis
    d) moniletrix _____

93. El picor del cuero cabelludo y la adherencia de pequeñas escamas blancas al cuero cabelludo en masas o repartidas por el pelo son síntomas de:
    a) hirsutismo
    b) pityriasis capitis simplex
    c) pediculosis
    d) tiña _____

94. La pitiriasis steadoides también se conoce como:
    a) caspa seca
    b) caspa grasa
    c) piojos
    d) tiña _____

95. La tiña se propaga habitualmente por escamas o cabellos que contienen:
    a) caspa
    b) una acumulación de productos
    c) piojos
    d) hongos _____

96. El nombre médico de la tiña es:
    a) pediculosis
    b) tinea
    c) pitiriasis
    d) escútula _____

97. Unas pápulas o puntos rojos situados en la abertura de los folículos pilosos son síntomas de:
    a) tinea favosa
    b) pediculosis
    c) tinea capitis
    d) hipertinea _____

98. La tinea favosa se identifica por:
    a) pápulas rojas
    b) escamas blancas
    c) forúnculos múltiples
    d) costras secas amarillas en forma de copa sobre el cuero cabelludo _____

99. La sarna está producida por:
    a) esporas
    b) el ácaro de la sarna
    c) tinea
    d) una pérdida anormal de cabello _____

100. La pediculosis está producida por:
   a) el ácaro de la sarna
   b) las cabezas de los piojos
   c) tinea
   d) un parásito vegetal

   _____

101. Un forúnculo se conoce habitualmente como:
   a) verruga
   b) úlcera fría
   c) infección folicular
   d) divieso

   _____

102. Dos requisitos básicos para mantener sano el cuero cabelludo son limpieza y:
   a) acondicionamiento
   b) estimulación
   c) tensión
   d) sequedad

   _____

103. El masaje de un cuero cabelludo normal debe realizarse:
   a) diariamente
   b) mensualmente
   c) quincenalmente
   d) semanalmente

   _____

104. En cada movimiento de masaje, sitúe las manos:
   a) encima del cabello
   b) debajo del cabello
   c) perpendiculares a la cabeza
   d) verticales a la cabeza

   _____

105. Los tratamientos habituales del cuero cabelludo pueden frenar ciertos tipos de caída del cabello a causa del:
   a) contacto humano
   b) calor seco
   c) aumento del flujo sanguíneo
   d) enjuague apropiado

   _____

106. Cuando realice tratamientos de cuero cabelludo para cabello seco, evite el uso de:
   a) materiales emolientes
   b) jabones suaves
   c) un cepillo de cerdas naturales
   d) materiales de alto contenido de alcohol

   _____

107. Cuando realice tratamientos de cuero cabelludo para cabello graso, el sebo debe:
   a) secarse sobre el cuero cabelludo
   b) eliminarse con corriente de alta frecuencia y tónicos de alcohol
   c) eliminarse con el grado adecuado de presión
   d) eliminarse con un cepillo

   _____

108. Los productos utilizados habitualmente para los tratamientos de cabellos secos contienen:
   a) monoxidil
   b) astringentes
   c) fenol
   d) colesterol

   _____

109. La aplicación de calor cuando se utiliza un tratamiento acondicionador:
   a) cierra la cutícula
   b) abre la cutícula
   c) cierra la corteza
   d) introduce el acondicionador dentro de la médula   _____

110. Se puede aplicar tratamientos capilares una semana o 10 días antes de un servicio químico o:
   a) el día siguiente de un servicio químico
   b) el mismo día de un servicio químico
   c) 2 semanas después de un servicio químico
   d) una semana o 10 días después de un servicio químico   _____

Cubiertas

1. Una cubierta adecuada sirve para proteger la piel y _____ del cliente.
   a) las joyas
   b) la ropa
   c) la línea del pelo
   d) la zona de la nuca   _____

2. Los métodos de cobertura dependen:
   a) del tamaño del cuello del cliente
   b) del servicio realizado
   c) de las preferencias del cosmetólogo
   d) de los materiales de cobertura disponibles   _____

3. Antes de la cobertura, el cosmetólogo debe:
   a) ponerse guantes de goma
   b) ajustar la toalla
   c) desinfectarse las manos
   d) dividir el cabello   _____

4. Se necesita una tira o una toalla para el cuello para evitar que la piel del cliente:
   a) toque la capa
   b) produzca una sensación incómoda
   c) se humedezca
   d) se ponga en contacto con los productos químicos   _____

5. Puede evitar irritaciones de la piel por los productos químicos, por medio de una cubierta adecuada realizada con una capa y:
   a) un gorro de plástico
   b) una tira para el cuello
   c) un albornoz
   d) almohadillas absorbentes   _____

6. Deben realizar todos los esfuerzos necesarios para evitar que la capa toque la piel del cliente, porque puede:
   a) estar fría para la piel
   b) ser portadora de enfermedades
   c) estar ligeramente mojada
   d) ser irritante   _____

7. Se puede utilizar una tira para el cuello cuando se cubre para un corte de pelo, para permitir:
   a) cortes en la piel
   b) que el cabello caiga con naturalidad
   c) que la capa cierre cómodamente
   d) que el cliente permanezca más frío

   _____

8. Antes de cubrirlos, los clientes deben:
   a) quitarse las joyas
   b) lavarse las manos
   c) cepillarse el cabello
   d) solicitar un método de cobertura

   _____

9. La cubierta para un peinado final debe incluir:
   a) una toalla en el cuello
   b) una capa de champú
   c) dos toallas alrededor del cuello
   d) una tira para el cuello debajo de la capa

   _____

10. Una cubierta inadecuada pone en peligro la comodidad y _____ del cliente.
    a) confianza
    b) fe
    c) respeto
    d) seguridad

    _____

Lavado, enjuagado y acondicionado

1. La función principal del champú es:
   a) facilitar el peinado
   b) limpiar el pelo y el cuero cabelludo
   c) desinfectar el cabello y el cuero cabelludo
   d) conseguir que el cabello y el cuero cabelludo huelan mejor _____

2. Antes de aplicar el champú, humedezca el cabello con:
   a) aguar fría
   b) agua caliente
   c) agua templada
   d) una fuerte pulverización de agua _____

3. Los champús fuertemente alcalinos consiguen que el cabello se:
   a) suavice
   b) seque
   c) desprenda fácilmente
   d) contraiga _____

4. Después del lavado con champú, el peinado debe comenzar:
   a) en la nuca
   b) en uno de los lados
   c) en la zona del flequillo
   d) en la coronilla _____

5. Después de utilizar un champú, enjuague con:
   a) agua fría
   b) una hidratante suave
   c) agua caliente
   d) una fuerte pulverización _____

6. NUNCA debe realizarse un cepillado concienzudo del cabello antes de un:
   a) lavado con champú
   b) teñido del cabello
   c) corte del cabello
   d) tratamiento del cuero cabelludo _____

7. ¿Qué debe utilizar al aplicar un masaje y espuma al cuero cabelludo del cliente durante el lavado con champú?
   a) solamente los pulgares
   b) guantes de goma
   c) la palma de la mano
   d) las yemas de los dedos _____

8. Durante el enjuague, debe mantener un dedo sobre el borde del pulverizador, para:
   a) comprobar la temperatura del agua
   b) mantener fuera el cabello del cliente
   c) determinar la forma de pulverización del agua
   d) mantener el pulverizador en su lugar _____

9. El término pH significa:
   a) hidrógeno potencial
   b) partes de hidrógeno
   c) humedad posible
   d) fósforo e hidrógeno _____

10. Los champús medicinales afectan:
    a) a los resultados del peinado
    b) al color del cabello teñido
    c) al tamaño de la cutícula
    d) al proceso de acondicionamiento _____

11. No aplique un champú seco antes:
    a) del peinado
    b) del trenzado
    c) del corte
    d) de un tratamiento químico _____

12. El cabello seco o quebradizo debe limpiarse con un:
    a) champú alcalino
    b) champú cremoso
    c) champú con acidez equilibrada
    d) champú seco _____

13. Si se usan con demasiada frecuencia, los acondicionadores pueden:
    a) mejorar la salud del cabello
    b) formar una acumulación sobre el cabello
    c) mejorar la salud del cuero cabelludo
    d) afectar al crecimiento del cabello _____

14. Antes de un lavado con champú, se recomienda utilizar un cepillo de:
    a) cerdas de plástico
    b) cerdas naturales
    c) cerdas de nylon
    d) cerdas de goma _____

15. Antes de utilizan un champú hay que cepillar el cabello, porque:
    a) proporciona tiempo para la consulta
    b) es relajante para el cliente
    c) estimula la circulación sanguínea
    d) reduce la estática _____

16. Los enjuagados ácidos se aplican para:
    a) eliminar la espuma del jabón
    b) añadir color al cabello
    c) eliminar las mechas amarillas del cabello gris
    d) abrir la capa de la cutícula _____

17. Para alisar y suavizar el cabello, use:
    a) crema de enjuagado
    b) champú medicinal
    c) champú seco
    d) gel de peinado
    _____

18. El enjuagado que ayuda a cerrar y endurecer las imbricaciones de la cutícula, después de la aplicación de un tinte o tonificador, es un:
    a) enjuagado con equilibrio ácido
    b) enjuagado alcalino
    c) enjuagado de henna
    d) enjuagado de colores temporales
    _____

19. Los enjuagados de color se componen de una mezcla de agua, agentes colorantes y:
    a) un álcali
    b) un ácido
    c) un aceite
    d) henna
    _____

20. El ácido cítrico se obtiene a partir de:
    a) lactosa
    b) vegetales
    c) vinagre
    d) zumo de lima, naranja o limón
    _____

21. Un champú con pH de 5,5 se considera:
    a) neutro
    b) agresivo
    c) alcalino
    d) ácido
    _____

22. Los problemas menores de caspa se pueden controlar con:
    a) enjuagados de agua
    b) champús medicinales
    c) enjuagados de ácido cítrico
    d) champú ácido
    _____

23. El uso de un champú apropiado ayuda a prevenir:
    a) trastornos del cuero cabelludo
    b) el cabello seco
    c) las puntas abiertas
    d) la estática
    _____

24. Los enjuagados medicinales ayudan a controlar:
    a) la decoloración
    b) los enredos
    c) el entresacado del cabello
    d) la caspa
    _____

25. El agua dura no permite que el champú genere espuma, porque contiene:
    a) ingredientes antiespumantes
    b) productos químicos
    c) minerales
    d) hipoclorito sódico
    _____

Corte de pelo

1. Al seleccionar un estilo de peinado para un cliente debe considerar:
   a) el utensilio utilizado
   b) la textura del cabello
   c) la moda actual
   d) el vestuario del cliente _____

2. Las secciones para el corte del cabello suelen ser de:
   a) 0,75 cm
   b) 3 cm
   c) 1,25 cm
   d) 1 cm _____

3. Si corta más allá de su segundo nudillo, cambia la _____ y se produce un corte desigual.
   a) continuidad
   b) resistencia
   c) tensión
   d) presión _____

4. El biselado se realiza:
   a) cortando el cabello perpendicularmente
   b) entresacando
   c) cortando con las puntas de las tijeras
   d) sosteniendo las tijeras en un ángulo que no sea de 90° _____

5. El corte recto se realiza:
   a) cortando el cabello perpendicularmente
   b) efilando
   c) entresacando
   d) sosteniendo las tijeras en un ángulo que no sea de 90° _____

6. Una elevación es:
   a) cortar el cabello perpendicularmente
   b) otro nombre del corte en capas
   c) el ángulo que separa el cabello de la cabeza
   d) otro término para graduación _____

7. Una graduación es:
   a) otro nombre del corte por capas
   b) una zona exterior de amontonamiento
   c) lo lejos que se levanta el cabello
   d) otro término para elevación

   _____

8. La sección del cabello que determina la longitud del corte se denomina:
   a) parte
   b) línea guía
   c) sección
   d) línea de graduación

   _____

9. Cuando el cabello cae con naturalidad y cada subsección es ligeramente más corta que la guía, se conoce como:
   a) corte recto
   b) corte subyacente
   c) entallado o punteado
   d) corte en capas

   _____

10. El corte con las puntas de las tijeras para crear textura en las puntas del cabello se conoce como:
    a) corte recto
    b) corte subyacente
    c) entallado
    d) corte en capas

    _____

11. El corte de cabello de forma que cada partición sea ligeramente más larga que la anterior para hacer que el cabello se rice en las capas inferiores se conoce como:
    a) corte recto
    b) corte subyacente
    c) entallado o punteado
    d) imbricación

    _____

12. La caída es la zona de un corte en la que:
    a) cae la menor cantidad de cabello
    b) el cabello se riza por debajo
    c) cae la mayor cantidad de cabello
    d) se encuentra la mayor textura

    _____

13. Una navaja curva corta el cabello con un borde _____ que las tijeras.
    a) más suave
    b) más definido
    c) más marcado
    d) más limpio

    _____

14. Las tijeras de entresacar se utilizan para:
    a) añadir volumen
    b) crear mechones cortos rápidamente
    c) eliminar volumen
    d) recortar las puntas del cabello

    _____

15. La eliminación del pelo superfluo y el trazado de líneas rectas en el perímetro de un corte de cabello se realiza mejor con:
    a) maquinilla
    b) un depilatorio
    c) una navaja recta
    d) una afeitadora

    _____

16. La cantidad de elevación con respecto a la cabeza se mide en:
    a) grados
    b) partes
    c) subsecciones
    d) pulgadas _____

17. Las líneas paralelas:
    a) son entre horizontales
    b) nunca se encuentran
    c) intersectan con un ángulo de 90 grados y verticales
    d) no se utilizan en el corte del cabello _____

18. Las líneas perpendiculares:
    a) son entre horizontales
    b) nunca se encuentran
    c) intersectan con un ángulo de 90 grados y verticales
    d) implican el uso de unas tijeras de entresacar _____

19. Las líneas que se utilizan en los cortes mixtos y de diseño especial son:
    a) perpendiculares
    b) diagonales
    c) paralelas
    d) horizontales _____

20. Las líneas que se utilizan en los cortes de poca elevación son:
    a) perpendiculares
    b) diagonales
    c) verticales
    d) horizontales _____

21. Para mantener el control sobre la punta de las tijeras mientras se peina el cabello durante el corte debe:
    a) sujetar con fuerza las tijeras
    b) afianzar las tijeras
    c) apoyar las tijeras en los nudillos
    d) mantener el pulgar en las tijeras _____

22. El pelo _____ se vuelve incontrolable cuando se corta demasiado.
    a) fino
    b) grueso
    c) de textura media
    d) liso _____

23. Deje una longitud adicional en un corte para los remolinos y:
    a) el pelo de la nuca
    b) las patillas
    c) torbellinos
    d) la coronilla _____

24. La colocación del cabello para cortarlo se conoce como:
    a) división
    b) particionado
    c) preparación
    d) conformación _____

25. En un corte, una guía que no se mueve es:
    a) una guía interior
    b) una guía estacionaria
    c) una guía móvil
    d) una guía exterior
    _____

26. Una elevación de 90 grados es una:
    a) elevación baja
    b) elevación inversa
    c) elevación alta
    d) elevación mixta
    _____

27. Un corte igualado se obtiene mejor con una:
    a) elevación de cero grados
    b) elevación de 180 grados
    c) elevación de 90 grados
    d) elevación mixta
    _____

28. La técnica de tijeras sobre peine se usa para:
    a) crear volumen
    b) corregir los remolinos
    c) crear mechones muy cortos
    d) proporcionar más longitud en la nuca
    _____

29. Los dos lugares en que no es recomendable el entresacado son:
    a) la línea del pelo y la nuca
    b) la raya y la nuca
    c) la línea del pelo y la raya
    d) el interior y el exterior
    _____

30. El entresacado del cabello con tijeras se conoce como:
    a) corte con tijeras
    b) efilación
    c) corte con navaja
    d) regulación
    _____

31. Al cortarlo con una navaja, hay que sujetar el cabello:
    a) más alto que con las tijeras
    b) con los nudillos hacia la cabeza
    c) con la palma hacia arriba
    d) con los nudillos hacia usted
    _____

32. Al usar la navaja con movimientos cortos, se:
    a) reduce la longitud
    b) embota la hoja
    c) mantiene la longitud
    d) tarda más tiempo
    _____

33. Cuando se usa una maquinilla, hay que empezar:
    a) en la línea frontal del pelo
    b) en la coronilla
    c) por los lados
    d) en la nuca
    _____

34. El desfilado puede utilizarse para:
    a) mezclar mechones cortos
    b) reducir la longitud
    c) un estilo de corte subyacente
    d) eliminar cabello superfluo
    _____

35. La técnica de tijeras sobre peine se puede utilizar para:
    a) mezclar una coronilla corta
    b) mezclar una nuca corta con una coronilla larga
    c) mezclar capas largas de la nuca
    d) mezclar flequillos largos con una coronilla corta _____

36. El resultado de un corte de mucha elevación debe ser:
    a) más largo en la coronilla
    b) más largo en la nuca
    c) de igual longitud en toda la cabeza
    d) una mezcla de varias longitudes _____

37. Si se empuja la cabeza hacia adelante durante el corte, obtendremos:
    a) puntas graduales
    b) más longitud por debajo
    c) un adorno
    d) un corte subyacente _____

38. Los flequillos se pueden dividir con una sección curva o:
    a) triangular
    b) rectangular
    c) ovalada
    d) cuadrada _____

39. Un círculo completo tiene _____ grados.
    a) 45
    b) 180
    c) 90
    d) 360 _____

40. Para cortarlo, el pelo debe estar:
    a) saturado
    b) uniformemente húmedo o seco
    c) seco
    d) parcialmente húmedo _____

Destreza en el peinado

1. Los cinco elementos del diseño son forma, espacio, línea, textura y:
   - a) volumen
   - b) color
   - c) silueta
   - d) aspecto

   _____

2. El área que ocupa un peinado dentro de la forma se conoce como:
   - a) línea
   - b) silueta
   - c) textura
   - d) espacio

   _____

3. El espacio es tridimensional. Tiene longitud, anchura y:
   - a) líneas
   - b) color
   - c) profundidad
   - d) textura

   _____

4. Las líneas crean la forma, diseño y _____ de un peinado.
   - a) volumen
   - b) profundidad
   - c) espacio
   - d) movimiento

   _____

5. Los cuatro tipos básicos de líneas de peinado son horizontales, verticales, diagonales y:
   - a) curvas
   - b) perpendiculares
   - c) paralelas
   - d) planas

   _____

6. Una línea horizontal crea:
   - a) una ilusión de estrechez
   - b) ondas
   - c) anchura
   - d) altura

   _____

7. Las líneas curvas que se repiten en direcciones opuestas son:
   - a) rizos
   - b) ondas
   - c) utilizadas para crear un choque
   - d) utilizadas para reducir el volumen

   _____

8. Un ejemplo de diseño con una línea única es:
   a) una onda realizada con los dedos
   b) un peinado igualado
   c) una apariencia de capas
   d) un estilo híbrido horizontal y vertical _____

9. Las líneas contrastadas se reservan a los clientes con _____ para presentar una imagen fuerte.
   a) complexión
   b) vestuario
   c) personalidad
   d) cónyuge _____

10. Las líneas de transición suelen ser:
    a) curvas
    b) horizontales
    c) verticales
    d) diagonales _____

11. La ilusión de _____ se crea alternando colores cálidos y fríos o claros y oscuros.
    a) juventud
    b) volumen
    c) profundidad
    d) textura _____

12. Cuando se utilizan colores claros y oscuros conjuntamente, el cabello más oscuro parece:
    a) más cercano a la superficie
    b) retroceder por debajo de la superficie
    c) atenuarse
    d) brillar _____

13. Los colores claros o cálidos en la parte superior o en el flequillo crean:
    a) anchura
    b) interés
    c) textura
    d) longitud _____

14. Normalmente, para que el cabello liso refleje la mayoría de la luz, se corta y peina:
    a) igualado
    b) en líneas contrastadas
    c) en muchas capas
    d) con diversos ángulos _____

15. La calidad de la superficie real del cabello se conoce como:
    a) densidad
    b) textura
    c) volumen
    d) profundidad _____

16. El número máximo de texturas diferentes que se puede usar en un diseño es:
    a) 2
    b) 4
    c) 3
    d) 5 _____

17. Use texturas rizadas para:
    a) acentuar la cara
    b) prolongar el cuello
    c) estrechar una cabeza de forma redonda
    d) suavizar los rasgos cuadrados o rectangulares _____

18. Los cinco principios más importantes de un buen peinado son proporción, equilibrio, ritmo, énfasis y:
    a) textura
    b) armonía
    c) color
    d) simetría _____

19. La relación ideal para un peinado es de 3 partes de cara y 2 partes de pelo o:
    a) 3 partes de cara y 3 partes de pelo
    b) 2 partes de cara y 3 partes de pelo
    c) 2 partes de cara y 2 partes de pelo
    d) 1 parte de cara y 1 parte de pelo _____

20. La proporción de 3 partes de cara y 2 partes de pelo se utiliza cuando el cliente:
    a) quiere atención para la cara
    b) quiere disimular los rasgos faciales
    c) tiene una piel poco sana
    d) quiere distraer la atención de la cara _____

21. Para establecer la simetría, divida la cara en:
    a) dos partes iguales
    b) tres proporciones
    c) parte superior y parte inferior
    d) cuatro partes iguales _____

22. Los lados opuestos del peinado tienen diferente longitud o volumen si el diseño es:
    a) asimétrico
    b) desproporcionado
    c) simétrico
    d) estiloso _____

23. Ejemplos de patrón de ritmo rápido son:
    a) las formas más grandes
    b) los peinados igualados
    c) las ondas largas
    d) los rizos apretados _____

24. Cuando el diseño comienza con un patrón grande que se convierte en otro más pequeño, se denomina:
    a) ritmo horizontal
    b) ritmo creciente
    c) ritmo decreciente
    d) ritmo alternante _____

25. A veces se crea un peinado monótono cuando se usa un:
    a) ritmo decreciente
    b) ritmo alternante
    c) ritmo creciente
    d) único ritmo _____

26. La parte de un peinado en que primero se fijan los ojos se denomina punto de:
    a) proporción
    b) armonía
    c) énfasis
    d) equilibrio
    _____

27. El principio artístico más importante es:
    a) proporción
    b) armonía
    c) énfasis
    d) equilibrio
    _____

28. Si un cliente tiene una frente estrecha y una mandíbula y línea de mentón anchas (cara en forma de pera), el objetivo es:
    a) reducir la anchura de la frente
    b) crear ilusión de longitud
    c) aumentar la anchura de la mandíbula
    d) Crear ilusión de anchura en la frente
    _____

29. La raya básica para el flequillo es:
    a) rectangular
    b) diagonal
    c) triangular
    d) cuadrada
    _____

30. El tercio medio de la cara consta de ojos y:
    a) nariz
    b) labios
    c) mandíbula
    d) frente
    _____

31. El tipo facial cuadrado se identifica por la línea cuadrada de la mandíbula y:
    a) la línea de pelo redonda
    b) las mejillas planas
    c) la frente estrecha
    d) la línea de pelo recta
    _____

32. El estilo más favorecedor para la cara en forma de pera incluye:
    a) una coronilla plana
    b) altura
    c) la falta de pelo en la cara
    d) un adorno de cabello en la nuca
    _____

33. Una frente estrecha puede parecer más ancha utilizando transparencias en:
    a) la nuca
    b) la coronilla
    c) las sienes
    d) la raya
    _____

34. El perfil convexo, la frente hundida y la frente amplia pueden peinarse:
    a) con flequillos
    b) lejos de la cara
    c) con mucho volumen
    d) con una nuca muy poblada
    _____

35. Para que el cabello fino parezca más poblado se utiliza una raya:
    a) en zigzag
    b) central
    c) diagonal
    d) lateral

    _____

Peinado en húmedo

1. Una buena loción ondulatoria es inocua para el cabello y:
   a) se seca al entrar en contacto
   b) no se escama al secarse
   c) deja un residuo suave
   d) debe aplicarse generosamente _____

2. Las lociones para ondulación con los dedos deben aplicarse:
   a) en un lado de la cabeza en cada momento
   b) a toda la cabeza después del lavado con champú
   c) con un cepillo
   d) llevando guantes _____

3. Pellizcando o apretando las crestas con los dedos, se originarán:
   a) faltas de dirección en las crestas
   b) separaciones
   c) sobredirecciones en las crestas
   d) ondas inconsistentes _____

4. En un peinado con raya lateral, la ondulación con los dedos debe comenzar:
   a) en el lado izquierdo
   b) en el lado con más peso
   c) en el lado derecho
   d) en el lado más claro _____

5. El término onda de sombra indica un peinado con:
   a) crestas elevadas
   b) choque
   c) crestas bajas
   d) ondas profundas _____

6. Las tres partes principales de un rizo fijo son base, tallo y:
   a) rizo
   b) onda
   c) médula
   d) círculo _____

7. La parte estacionaria del rizo fijo es:
   a) el rizo
   b) el tallo
   c) el círculo
   d) la base _____

8. La sección del rizo fijo situada entre la base y el primer arco es:
   a) el círculo
   b) el tallo
   c) la onda
   d) el rizo
   _____

9. Un rizo firme, apretado y de larga duración se crea con un:
   a) rizo de tallo completo
   b) rizo sin tallo
   c) rizo de medio tallo
   d) rizo de tallo móvil
   _____

10. La mayor movilidad del rizo se consigue con el:
    a) rizo de tallo completo
    b) rizo sin tallo
    c) rizo de medio tallo
    d) rizo de 1/4 de vuelta
    _____

11. Los rizos de centro abierto producen:
    a) rizos uniformes
    b) volumen
    c) ondas que disminuyen de tamaño
    d) rizos que disminuyen de tamaño
    _____

12. Cuando desee un rizo con volumen, utilice:
    a) rizos de centro abierto
    b) rizos con movimiento hacia adelante
    c) rizos de centro cerrado
    d) rizos con movimiento inverso
    _____

13. Los rizos formados en la misma dirección que el movimiento de las agujas de un reloj son:
    a) rizos en sentido antihorario
    b) rizos en 8
    c) rizos en la dirección del tallo
    d) rizos en sentido horario
    _____

14. Una sección de cabello que se moldea en un diseño que sirve como base de un patrón de rizos u ondas se llama:
    a) partición
    b) conformación
    c) sección
    d) base
    _____

15. Comience siempre los rizos fijos en el extremo _____ de la conformación.
    a) abierto
    b) inferior
    c) superior
    d) circular
    _____

16. Las bases más utilizadas para los rizos fijos son rectangulares, triangulares, cuadradas y:
    a) planas
    b) en arco
    c) en cascada
    d) rectangulares
    _____

17. Un rizo acabado no se ve afectado por:
    a) el tamaño del rizo
    b) la forma de la base
    c) la cantidad de cabello utilizado
    d) la dirección del rizo _____

18. Las bases triangulares se utilizan:
    a) para evitar enredos
    b) para añadir altura
    c) para evitar separaciones en el peinado final
    d) para mantener un efecto suave hacia arriba _____

19. Las bases de los rizos fijos utilizados para los peinados rizados sin mucho volumen o elevación son:
    a) rectangulares
    b) en arco
    c) triangulares
    d) cuadradas _____

20. Los rizos separados de una conformación se conocen como:
    a) rizos con cintas
    b) rizos esculpidos
    c) rizos en cascada
    d) rizos en caída _____

21. La conformación que permite que las ondas mantengan la misma anchura a lo largo de la forma se llama:
    a) conformación circular
    b) conformación rectangular
    c) conformación hacia adelante
    d) conformación ovalada _____

22. Los rizos fijos están anclados correctamente cuando:
    a) tienen centros cerrados
    b) cubren el círculo
    c) comienzan en el extremo abierto
    d) requieren dos pinzas _____

23. Los rizos que se utilizan para crear una onda detrás de una cresta se denominan:
    a) ondas de cepillo
    b) rizos de sombra
    c) ondas salteadas
    d) rizos en cresta _____

24. Dos filas de rizos en cresta crean:
    a) un patrón de ondas pronunciado
    b) altura
    c) rizos suaves
    d) un rizo de onda en cresta _____

25. Cuando necesite algo de altura durante la transición de rizos fijos erguidos a rizos esculpidos, utilice:
    a) ondas de cepillo
    b) rizos semierguidos
    c) rizos en cascada
    d) rizos perezosos _____

26. Los rizos en caída son rizos erguidos grandes sobre una:
    a) base triangular
    c) base en arco
    b) base cuadrada
    d) base rectangular _____

27. Un rulo sujeta el equivalente de:
    a) 5 rizos erguidos
    c) 1 rizo erguido
    b) 2–4 rizos erguidos
    d) 1/2 rizo erguido _____

28. El tamaño del rizo en un rulo está determinado por:
    a) el tamaño de la base
    c) el patrón de disposición
    b) la dirección del rizo
    d) el tamaño del rulo _____

29. El volumen está determinado por el tamaño del rulo y:
    a) el número de rulos utilizados
    c) cómo se asienta sobre su base
    b) la dirección del rizo
    d) las pinzas de fijación utilizadas _____

30. Un rizo sobre la base produce:
    a) un volumen medio
    c) menor cantidad de volumen
    b) el volumen total
    d) un rizo crespo _____

31. Para conseguir la menor cantidad de volumen en un rulo, utilice el:
    a) método sobre la base
    c) método fuera de la base
    b) método de media base
    d) método de extremo abierto _____

32. Normalmente, un rulo de hueco se sitúa:
    a) delante de un rulo de volumen
    c) horizontal respecto a un rulo de volumen
    b) vertical respecto a un rulo de volumen
    d) detrás de un rulo de volumen _____

33. Si el cabello se enrolla una vuelta y media alrededor de un rulo, se creará:
    a) una forma de C
    c) una explosión del rizo
    b) una onda
    d) un rizo bien fijado _____

34. Se conseguirá una forma de C si se enrolla el cabello:
    a) 2 vueltas y media alrededor del rulo
    c) 5 vueltas alrededor del rulo
    b) 1 vuelta completa alrededor del rulo
    d) 1 vuelta y media alrededor del rulo _____

35. Se puede conseguir un movimiento de curvatura más fuerte utilizando:
    a) rulos cilíndricos
    c) rulos cónicos
    b) rulos azules
    d) rulos Velcro _____

36. Cuando quiera un peinado suave, asegúrese de:
    a) usar un gancho
    b) cepillar el cabello suavemente
    c) usar un peine de púas anchas
    d) cepillar solamente las puntas del cabello

    _____

37. La mayoría de los fallos al realizar un peinado se deben principalmente:
    a) al cabello del cliente
    b) a la elección del gel de acondicionamiento
    c) a una disposición inadecuada del cabello
    d) a un exceso de suavizado

    _____

38. Las zonas cardadas requieren:
    a) poca altura
    b) volumen
    c) menos plenitud
    d) énfasis

    _____

39. Desenredado, escamado, enmarañado y encaje francés son sinónimos de:
    a) suavizado
    b) cardado con peine
    c) cardado con cepillo
    d) peinado

    _____

40. Desgreñado es sinónimo de:
    a) suavizado
    b) cardado con peine
    c) cardado con cepillo
    d) suavizar el marcado

    _____

41. Los dos tipos de trenza francesa son invisible y:
    a) de 2 mechones
    b) superpuesta
    c) invertida
    d) normal

    _____

42. Las trenzas de espiga se hacen del mismo modo que las:
    a) trenzas francesas visibles
    b) trenzas superpuestas
    c) trenzas francesas invisibles
    d) trenzas normales

    _____

Peinado térmico

1. Para cabellos blancos, aclarados o teñidos, es recomendable utilizar tenazas térmicas que:
   a) tengan gran diámetro
   b) estén templadas
   c) tengan un termostato incorporado
   d) contengan menos acero _____

2. No se deben utilizar las tenazas eléctricas vaporizadas en pelo prensado, porque:
   a) vuelve a su estado natural
   b) se rompe
   c) se alisa
   d) se aplasta _____

3. Las tenazas sobrecalentadas suelen estropearse, porque el metal pierde su:
   a) color
   b) equilibrio
   c) temple
   d) forma _____

4. Las tenazas térmicas convencionales:
   a) son eléctricas y autocalentadas
   b) se calientan en una estufa
   c) son eléctricas, autocalentadas y vaporizadas
   d) se calientan con carbón _____

5. La temperatura adecuada para las tenazas térmicas depende:
   a) del tipo de metal seleccionado
   b) de la textura del cabello
   c) de la velocidad del cosmetólogo
   d) del tamaño del calentador _____

6. La técnica de secar y peinar el cabello húmedo en una sola operación se denomina:
   a) peinado croquignole
   b) peinado con tenazas térmicas
   c) peinado térmico
   d) peinado con secado por aire _____

7. Para mantener una temperatura uniforme, las tenazas térmicas deben hacerse con _____ de la mejor calidad.
   a) ebonita
   b) cinc
   c) acero
   d) magnesio _____

8. La temperatura de las tenazas térmicas se comprueba con:
   a) un mechón de cabello
   b) un pañuelo de papel
   c) un paño húmedo
   d) papel encerado

9. El arte de crear rizos con la ayuda de unas tenazas térmicas y un peine se conoce como:
   a) disposición en caliente
   b) rizado en espiral
   c) rizado térmico
   d) rizado basculante

10. El rizo de tenaza térmica que proporciona mayor elevación se conoce como:
    a) rizo sin base
    b) rizo con base de volumen
    c) rizo de media base
    d) rizo de base completa

11. El marcado y secado del cabello con un peine eléctrico y un peine normal se denomina:
    a) ondulado Marvel
    b) ondulado térmico
    c) ondulado francés
    d) ondulado por aire

12. Un peine térmico está hecho de:
    a) plástico
    b) ebonita
    c) acero
    d) madera

13. Para proporcionar un aspecto acabado a las puntas del cabello, use:
    a) rizos terminales
    b) rizos en espiral
    c) la técnica de la figura 8
    d) la técnica de la figura 6

14. Para asegurar un buen ondulado o rizado térmicos, el cabello debe estar:
    a) bien aceitado
    b) húmedo
    c) limpio
    d) templado por medio de un secador

15. La parte de las tenazas que se usa para el peinado se compone de varilla y:
    a) púa
    b) cable
    c) concha
    d) pivote

16. Los rizos térmicos de volumen se utilizan para proporcionar _____ al peinado final.
    a) profundidad
    b) hueco
    c) elevación
    d) tensión

17. Después de peinar el cabello con secado por aire, y antes de peinarlo, debe estar completamente:
    a) rizado
    b) frío
    c) cardado
    d) caliente _____

18. Antes de utilizar el secador, asegúrese de que:
    a) tiene puesto el difusor
    b) los cepillos están calientes
    c) la entrada de aire está libre
    d) el cabello está dividido _____

19. Las puntas con ganchos se deben a que:
    a) las tenazas están demasiado calientes
    b) el rizo se ha empezado demasiado bajo
    c) el rizo se ha empezado demasiado alto
    d) las puntas del cabello sobresalen de las tenazas _____

20. El dispositivo eléctrico especialmente diseñado para secar y peinar el cabello en una sola operación se denomina:
    a) secador térmico
    b) secador de capucha
    c) secador de mano
    d) secador de rizo _____

21. Para realizar con éxito un peinado con secado por aire, el aire debe dirigirse desde el cuero cabelludo hacia:
    a) el suelo
    b) las puntas del cabello
    c) la cara
    d) la zona de la raíz _____

22. Para conseguir un secado completo del cabello, se utiliza el secador en un:
    a) movimiento de avance y retroceso
    b) movimiento de delante hacia atrás
    c) movimiento vertical
    d) movimiento de parada y avance _____

23. Un peinado con secado por aire no se mantendrá si:
    a) el cabello es liso
    b) el cabello está rizado
    c) se utilizan productos de peinado
    d) el cuero cabelludo está húmedo _____

24. Un excesivo secado por aire puede producir sequedad y:
    a) ondas profundas
    b) puntas abiertas
    c) un crecimiento mal desarrollado
    d) ondas de sombra _____

25. El peine de un ondulador de aire se puede utilizar con un:
    a) cepillo redondo
    b) vaporizador
    c) peine metálico
    d) aceite de vapor _____

26. Los principales cosméticos utilizados en el peinado con secado por aire son acondicionadores de cabello y de cuero cabelludo, vaporizadores y:
    a) enjuagados ácidos
    b) surfactantes
    c) lociones de peinado
    d) agua _____

27. El ondulado térmico también se conoce como:
    a) ondulado Grateau
    b) prensado
    c) planchado
    d) ondulado Marvel _____

28. Durante el peinado con tenazas térmicas, el cuero cabelludo del cliente se protege de las quemaduras utilizando:
    a) vaselina
    b) tenazas de menor diámetro
    c) tenazas sobre el cabello húmedo
    d) un peine de ebonita _____

29. El peinado con ondulador de aire se realiza de igual manera que el:
    a) ondulado térmico
    b) ondulado por fusión
    c) ondulado químico
    d) ondulado con los dedos _____

30. El peinado con secado por aire se puede realizar con cepillo o:
    a) rizador
    b) peine
    c) rulos
    d) tenazas de rizado _____

Ondulado permanente

1. Cepillar con fuerza el cabello antes de un ondulado permanente puede provocar:
   a) la decoloración del cabello
   b) la reafirmación del cuero cabelludo
   c) la caída del cabello sano
   d) irritaciones del cuero cabelludo
   _____

2. Antes de una onda permanente, un champú suave debe ir acompañado de:
   a) manipulaciones suaves del cuero cabelludo
   b) manipulaciones de amasado del cuero cabelludo
   c) manipulaciones vibratorias del cuero cabelludo
   d) manipulaciones estimulantes del cuero cabelludo
   _____

3. Antes de una onda permanente, se lava el cabello y se:
   a) seca cuidadosamente
   b) cepilla
   c) seca con una toalla
   d) estimula el cuero cabelludo
   _____

4. Para conseguir una onda permanente, es necesario que el cabello esté _____ adecuadamente.
   a) peinado
   b) cortado
   c) presuavizado
   d) rizado
   _____

5. Antes de la permanente, debe comprobarse la porosidad y _____ del cabello.
   a) densidad
   b) elasticidad
   c) longitud
   d) textura
   _____

6. El método adecuado para enrollar una onda permanente con cabellos extra largos se conoce como:
   a) método a horcajadas
   b) método de halo doble
   c) método de corona caída
   d) método de halo simple
   _____

7. La forma correcta de enrollar el pelo en una onda permanente consiste en:
   a) situar el cabello en el centro del bigudí y estirarlo al enrollarlo
   c) distribuir el cabello uniformemente sobre el bigudí y estirarlo al enrollarlo
   b) situar el cabello en el centro del bigudí y enrollarlo sin estirarlo
   d) distribuir el cabello uniformemente y enrollarlo suavemente sin estirarlo _____

8. En el ondulado permanente, normalmente se requiere más tiempo de proceso para el cabello:
   a) aclarado
   c) poroso
   b) teñido
   d) resistente _____

9. Las lociones especiales para antes del enrollado permanente se diseñan para:
   a) equilibrar la porosidad del cabello
   c) utilizarlas en clientes con canas
   b) acelerar el proceso
   d) cerrar la capa de la cutícula _____

10. El ingrediente activo principal de las lociones de ondulación con equilibrio ácido es:
    a) tioglicolato de amonio
    c) hidróxido sódico
    b) monotioglicolato de glicerilo
    d) peróxido de hidrógeno _____

11. Si se enrolla la banda de fijación con demasiada presión sobre los bigudíes de ondulado permanente, puede provocar:
    a) un rizo muy ensortijado
    c) la rotura del cabello
    b) puntas rectas
    d) un proceso de más duración _____

12. Para determinar por adelantado la reacción del cabello del cliente frente al proceso de ondulado permanente, realice:
    a) una prueba de predisposición
    c) una onda simulada
    b) pruebas de saturación
    d) un rizo de prueba _____

13. Los papeles terminales utilizados en las puntas enrolladas en una onda permanente deben ser:
    a) no porosos
    c) porosos
    b) resistentes al agua
    d) predoblados _____

14. Una loción de ondulado en frío:
    a) endurece el cabello
    c) conforma el cabello
    b) suaviza el cabello
    d) cierra la cutícula _____

15. Un beneficio derivado del uso de permanentes alcalinas es:
    a) un rizo más suave
    b) que está indicado para cabellos delicados
    c) un proceso más rápido
    d) un patrón de rizos pronunciado
    _____

16. Compruebe siempre las instrucciones del fabricante, para ver si necesita:
    a) un gorro de plástico
    b) lavar con champú
    c) un neutralizador
    d) un enrollamiento especial
    _____

17. La elección de la permanente adecuada debe hacerse:
    a) según los deseos del cliente
    b) después de un análisis cuidadoso
    c) de acuerdo con el precio
    d) antes de la consulta
    _____

18. El noventa por ciento del peso total del cabello procede de:
    a) la cutícula
    b) el número de enlaces de disulfuro presentes
    c) la corteza
    d) la cantidad de melanina presente
    _____

19. En el ondulado permanente, se suele requerir menos tiempo de proceso para el cabello:
    a) aclarado
    b) resistente
    c) hirsuto
    d) grueso
    _____

20. En un ondulado permanente, el tamaño de la onda o rizo está controlado por:
    a) el tamaño del bigudí
    b) la solución de onda fría
    c) el tiempo de proceso
    d) el neutralizador
    _____

21. Un tiempo excesivo de ondulado permanente suele producir:
    a) rizos sueltos
    b) rizos firmes
    c) rizos ensortijados
    d) rizos apretados
    _____

22. El cabello que absorbe fácilmente una solución de ondulado permanente se describe como:
    a) elástico
    b) menos denso
    c) de textura media
    d) poroso
    _____

23. Cuando el producto para la permanente crea calor químicamente, se conoce como:
    a) exotérmico
    b) endocrino
    c) endotérmico
    d) de proceso interno
    _____

24. El diámetro de los cabellos individuales y su grado de grosor o finura se conocen como su:

   a) densidad
   b) textura
   c) porosidad
   d) elasticidad

   _____

25. El tiempo de aplicación de una onda permanente depende de la textura del cabello y de su:

   a) longitud
   b) porosidad
   c) patrón de crecimiento
   d) cantidad de rizo actual

   _____

26. Una razón del éxito en el ondulado permanente es:

   a) el uso de bigudíes cóncavos
   b) el uso de un peine de cola
   c) la saturación completa del cabello con loción onduladora
   d) la cubierta con toallas

   _____

27. El ondulado permanente combina habilidades manuales con un:

   a) proceso de división
   b) proceso de bloqueo
   c) proceso químico
   d) proceso sintético

   _____

28. Las divisiones medias de una onda permanente deben coincidir:

   a) con el tamaño de los papeles terminales
   b) con el tamaño de rizo deseado
   c) desde la coronilla hasta la nuca
   d) con el tamaño del bigudí

   _____

29. Cuando se comprueba un patrón en "S", el cabello debe desenrollarse:

   a) 2 vueltas y media
   b) 2 vueltas completas
   c) 1 vuelta
   d) 1 vuelta y media

   _____

30. Un paso importante después de enjuagar la loción de onda permanente del cabello es:

   a) el acondicionamiento
   b) el secado
   c) el rizo de prueba
   d) la retirada de los bigudíes

   _____

31. En el ondulado permanente, el cabello demasiado rizado cuando está húmedo y ensortijado cuando está seco indica:

   a) un tiempo de aplicación insuficiente
   b) un tiempo de aplicación excesivo
   c) un exceso de loción
   d) un exceso de neutralizador

   _____

32. El cabello puede oscurecerse o romperse si se aplica una loción de onda permanente a un cabello tratado previamente con:
    a) parafenilendiamina
    b) un tinte de anilina
    c) un tinte metálico
    d) aceites sulfonados

    _____

33. Enrollar el cabello suavemente y sin tensiones alrededor de los bigudíes permite que el cabello:
    a) de más vueltas alrededor del bigudí
    b) absorba más agua
    c) se ajuste durante el proceso
    d) se expanda durante el proceso

    _____

34. Si una loción de ondulado permanente cae accidentalmente sobre la piel, hay que aplicar inmediatamente:
    a) agua
    b) una toalla seca
    c) el neutralizador
    d) más loción

    _____

35. El uso de papeles terminales porosos ayuda a eliminar la posibilidad de:
    a) una aplicación excesiva
    b) utilizar demasiada tensión
    c) aparición de ganchos
    d) una aplicación insuficiente

    _____

36. La técnica por la que se enrolla el cabello desde las puntas hacia el cuero cabelludo se conoce como:
    a) enrollamiento croquignole
    b) método Nessler
    c) enrollamiento en espiral
    d) enrollamiento plano _____

37. Se recomienda una loción onduladora de baja potencia para el:
    a) cabello graso
    b) cabello teñido
    c) cabello grueso
    d) cabello virgen

    _____

38. Se puede conseguir un rizo mayor en la zona de la nuca con el:
    a) método a horcajadas
    b) método de enrollamiento de halo
    c) método espiral
    d) método de apilado

    _____

39. Un enrollamiento correcto en el ondulado permanente permite mejor:
    a) condensación
    b) circulación
    c) análisis
    d) saturación

    _____

40. La capacidad del cabello para absorber líquidos se denomina:
    a) porosidad
    b) textura
    c) elasticidad
    d) densidad

    _____

41. La formación de una onda floja o débil es el resultado de:
    a) un secado inadecuado
    b) una aplicación insuficiente
    c) un enrollamiento con tensión
    d) un bloqueo incorrecto _____

42. El pH de las soluciones onduladoras que contienen tioglicolato de amonio suele ser:
    a) alcalino
    b) utilizado para un patrón de onda suave
    c) ácido
    d) utilizado sólo con máquinas _____

43. Durante el proceso, proteja la cara y el cuello del cliente con:
    a) una loción de petróleo
    b) una capa de vinilo
    c) una tira para el cuello
    d) una toalla _____

44. Las soluciones para ondulado permanente con equilibrio ácido tienen un pH en el rango de:
    a) 8,3–9,4
    b) 7,9–8,4
    c) 4,5–6,5
    d) 7,0–8,5 _____

45. En el ondulado permanente con equilibrio ácido, los daños al cabello y a la piel se minimizan, porque:
    a) se necesita un neutralizador
    b) no se utilizan álcalis agresivos
    c) se utiliza calor concentrado
    d) se necesita un rizo de prueba _____

46. Las soluciones de ondulado permanente con equilibrio ácido se activan por medio de la aplicación de:
    a) un neutralizador
    b) calor
    c) un estabilizador
    d) agua _____

47. Cuando se activa una permanente con calor externo, como un secador de capucha, el proceso es:
    a) endocrino
    b) externo
    c) exotérmico
    d) endotérmico _____

48. La capacidad del cabello para estirarse y volver a su forma original se denomina:
    a) porosidad
    b) textura
    c) elasticidad
    d) densidad _____

49. Para que se produzca el proceso de permanente, deben romperse los enlaces de:
    a) disulfuro
    b) hidrógeno
    c) sal
    d) queratina _____

50. La diferencia entre una onda de cuerpo y una permanente es:
   a) el tipo de cliente
   b) el tamaño del bigudí utilizado
   c) la solución utilizada
   d) la cantidad de neutralizador utilizado

   _____

51. El cabello que se ha teñido con reflejos muy claros o con peróxido de más de 20 volúmenes, debe tratarse:
   a) como resistente
   b) como cabello blanqueado
   c) como cabello virgen
   d) con un relleno de color

   _____

52. Las lociones de ondulado permanente con equilibrio ácido o neutro producen:
   a) ondas pronunciadas
   b) rizos en espiral
   c) ondas suaves de aspecto natural
   d) ondas de corta duración

   _____

Teñido del cabello

1. El pigmento que crea el color del cabello:
   a) se encuentra en la cutícula
   b) es una forma de queratina
   c) se encuentra en la corteza
   d) está predeterminado por la raza _____

2. Las quinonas son:
   a) incoloras
   b) amarillas
   c) compuestos proteínicos de cobre
   d) un compuesto púrpura _____

3. Los melanocitos:
   a) producen la dopa
   b) se oxidan en un polímero
   c) distribuyen la melanina
   d) atraen a las proteínas _____

4. La tirosina oxidada se conoce como:
   a) dopacroma
   b) melanosoma
   c) indol-quinona
   d) dopa _____

5. La calidéz del color del cabello se puede identificar por:
   a) el color de las cejas
   b) el nivel de color del cabello
   c) el color de ojos
   d) la textura del cabello _____

6. El cabello de textura fina:
   a) es resistente al aclarado
   b) puede procesar más oscuro cuando se deposita el color
   c) tiene una respuesta media al color
   d) puede procesar más claro cuandose deposita el color _____

7. El cabello de textura gruesa:
   a) puede ser resistente al aclarado
   b) tiene los pigmentos más agrupados
   c) requiere el uso de un aclarador más suave
   d) requiere una cantidad mayor de peróxido _____

8. Cuando se tiñen cabellos largos, es importante considerar diferentes:
   a) texturas
   b) diámetros
   c) longitudes de cabello
   d) grados de porosidad _____

9. Antes de aplicar el tinte, debe identificar el nivel natural del cliente, el tono y:
   a) el patrón de ondulación
   b) la edad
   c) la intensidad
   d) la longitud del cabello _____

10. Aproximadamente, los niveles 1, 2 y 3 se encuentran en el _____ de la población.
    a) 5% o menos
    b) 15%
    c) 9%
    d) 75% _____

11. La calidez o frialdad de un color se conoce como:
    a) nivel
    b) intensidad
    c) tono
    d) profundidad _____

12. A los clientes con tonos de piel rojizos les van mejor los:
    a) colores cálidos
    b) colores oscuros
    c) colores fríos
    d) colores neutros _____

13. Las consultas deben realizarse en una zona:
    a) tranquila e iluminada con luces fluorescentes
    b) que también sirva como vestuario
    c) iluminada con luces incandescentes
    d) bien iluminada y privada _____

14. Durante una consulta, una escucha reflexiva se realiza:
    a) haciendo una pausa después de las respuestas de los clientes
    b) repitiendo las palabras del cliente
    c) haciendo las preguntas dos veces
    d) permitiendo que el cliente hable sin abrumarle con preguntas _____

15. La medicación, las vitaminas y _____ pueden afectar a los resultados del teñido del cabello.
    a) el presupuesto para el aspecto personal
    b) el agua
    c) la cantidad de tiempo que el cliente dedica a su cabello
    d) los productos caseros para el cuidado del cabello _____

16. Antes de aplicar el color, es importante explicar al cliente:
    a) la inversión de tiempo y dinero necesaria
    b) la diferencia entre distintas marcas
    c) sus credenciales
    d) la potencia del peróxido utilizado

    _____

17. La tarjeta de registro del cliente debe incluir:
    a) la firma del cliente
    b) el peinado deseado
    c) el estado del cuero cabelludo
    d) la cantidad de cabello cortado

    _____

18. Una declaración de descargo se utiliza principalmente para explicar:
    a) su responsabilidad limitada en los errores de teñido
    b) si el cabello está en condiciones para recibir el color
    c) su política de seguros por mala práctica
    d) el cliente no puede llevarle a juicio

    _____

19. Una prueba de predisposición se realiza para determinar:
    a) los resultados del teñido
    b) el método de aplicación adecuado
    c) el tiempo de proceso
    d) la alergia a la anilina

    _____

20. Los colores rojo, amarillo y azul se consideran:
    a) colores cálidos
    b) colores secundarios
    c) colores primarios
    d) colores fríos

    _____

21. El color primario más oscuro es el:
    a) violeta
    b) rojo
    c) azul
    d) amarillo

    _____

22. La combinación de amarillo y azul en la misma proporción genera:
    a) naranja
    b) verde
    c) un color terciario
    d) un color cálido

    _____

23. Una combinación de colores complementarios es:
    a) rojo y naranja
    b) rojo y amarillo
    c) rojo y violeta
    d) rojo y verde

    _____

24. Si un cliente tiene tonos anaranjados no deseados, use un tinte con base:
    a) violeta
    b) azul
    c) verde
    d) amarilla

    _____

25. Los tintes se dividen en cinco clases en función:
    a) del precio
    b) la capacidad de retención
    c) de la potencia del revelador
    d) la intensidad
    _____

26. Un tinte temporal:
    a) produce un cambio físico
    b) requiere una prueba de mechón
    c) penetra en la corteza
    d) se mantiene durante 4-6 lavados con champú
    _____

27. Un color semipermanente:
    a) requiere un revelador
    b) sólo se usa con un preaclarador
    c) se atenuará sin un nuevo crecimiento
    d) dura 4-6 semanas
    _____

28. Las moléculas de los colores semipermanentes:
    a) son mayores que las de los temporales
    b) sólo pueden cubrir la cutícula
    c) son más pequeñas que las de los colores permanentes
    d) son más pequeñas que las de los colores temporales
    _____

29. Un color semipermanente no se puede utilizar para:
    a) aclarar el cabello un nivel
    b) mezclarlo con cabello sin pigmentar
    c) dar tono a un cabello preaclarado
    d) depositar color
    _____

30. Un tinte de polímero semipermanente puede requerir:
    a) un oxidante
    b) el uso de calor
    c) un acondicionamiento previo
    d) una aplicación doble
    _____

31. Se utilizan álcalis no amónicos y un revelador de bajo volumen con:
    a) un tinte de polímero semipermanente
    b) un tinte oxidante de depósito
    c) un tinte tradicional semipermanente
    d) un tinte permanente no oxidante
    ___ __

32. La henna es una forma de:
    a) tinte semipermanente
    b) tinte metálico
    c) tinte oxidante
    d) tinte vegetal
    _____

33. Los tintes progresivos y los restauradores de color están clasificados como:
    a) tintes vegetales
    b) tintes compuestos
    c) tintes metálicos
    d) tintes oxidantes
    _____

34. Los paratintes y los tintes penetrantes pertenecen a la categoría de:
    a) tinte oxidante
    b) tinte semipermanente
    c) tinte de depósito
    d) un tinte no oxidante _____

35. Para crear cierto grado de elevación, los tintes contienen:
    a) un revelador
    b) amoníaco
    c) un oxidante
    d) anilina _____

36. Los tintes oxidantes funcionan:
    a) cubriendo la cutícula
    b) cubriendo la corteza
    c) hinchando el tallo del cabello
    d) quedando atrapados en la cutícula _____

37. El oxidante más utilizado para teñir es:
    a) amoníaco
    b) peróxido de hidrógeno
    c) oxígeno
    d) anilina _____

38. Los tintes en crema suelen aplicarse con:
    a) la técnica de bote
    b) las manos enguantadas
    c) papel
    d) brocha y cuenco _____

39. El peróxido seco se utiliza para:
    a) aumentar la potencia del peróxido
    b) reducir la potencia del peróxido
    c) reducir el tiempo de aplicación
    d) espesar el tinte líquido _____

40. Una desventaja del peróxido en crema es que:
    a) puede secarse con demasiada rapidez
    b) es difícil de mezclar con el tinte
    c) puede producir grumos
    d) puede reducir la potencia del tinte _____

41. Debe realizarse una prueba preliminar de mechón:
    a) en la nuca
    b) si el cliente lo solicita
    c) en la parte baja de la coronilla
    d) si se va a cortar el cabello _____

42. Después de aplicar un enjuagado de color temporal:
    a) enjuague con agua caliente
    b) aplique un gorro de plástico
    c) aplique un acondicionador
    d) peine según el estilo deseado _____

43. Cuando elija un tinte semipermanente para un cabello sin pigmentar, seleccione un matiz:
   a) que coincida con el color deseado
   b) dos niveles más oscuro que el color deseado
   c) un nivel más oscuro que el color deseado
   d) dos niveles más claro que el color deseado
   _____

44. Cuando se crea una fórmula para un tinte semipermanente, la mitad de la fórmula es:
   a) el tono de piel del cliente
   b) el color natural del cabello
   c) el color de ojos del cliente
   d) el último color utilizado
   _____

45. Conforme se liberan los volúmenes de oxígeno del peróxido de hidrógeno, éste se convierte en:
   a) agua
   b) un producto más fuerte
   c) amoníaco
   d) hidrógeno
   _____

46. El peróxido de hidrógeno no debe ponerse en contacto con un metal, porque:
   a) el metal se oxidará
   b) el peróxido será demasiado débil para funcionar correctamente
   c) no se producirá la oxidación
   d) aumentará la potencia del peróxido
   _____

47. Para aclarar el cabello previamente teñido:
   a) seleccione un tinte más claro de proceso simple
   b) aplique un blanqueador en polvo
   c) use una cantidad mayor de peróxido
   d) use un quitacolorante antes del teñido
   _____

48. Un tinte de nivel 10 tiene menos:
   a) capacidad de elevación
   b) calidez
   c) capacidad para depositar el color base
   d) necesidad de amoníaco
   _____

49. El proceso será más rápido en el cabello de la zona del cuero cabelludo, debido al calor corporal y a:
   a) más capas de cutícula abiertas
   b) la queratinización incompleta
   c) escamas de la cutícula más grandes
   d) un crecimiento incompleto de la melanina
   _____

50. Durante un proceso de retoque, se aplica una fórmula de color diluido a las puntas del cabello, solamente si:
   a) han pasado más de cuatro semanas entre los retoques
   b) se aclara el color
   c) lo requiere el fabricante
   d) se atenúa el color
   _____

51. Durante un servicio de aclarado del cabello, éste se vuelve:
   a) más fino
   b) más resistente
   c) más grueso
   d) más rizado
   _____

52. En la aplicación de un aclarador de doble proceso, después del aclarador se aplica:
   a) un tonalizador
   b) un quitacolorante
   c) un presuavizante
   d) un blanqueador
   _____

53. Se puede utilizar un decolorante graso para:
   a) elevar cuatro o más niveles
   b) presuavizar un cabello resistente
   c) realizar un teñido de restauración
   d) eliminar un tinte anterior
   _____

54. Los aclaradores en crema pueden mezclarse con cristales secos, conocidos como:
   a) aceleradores
   b) amoníaco seco
   c) oxidantes
   d) matizadores
   _____

55. El mayor volumen de peróxido utilizado con aclaradores es:
   a) 10
   b) 30
   c) 20
   d) 40
   _____

56. Aumentar el número de paquetes de cristales secos en la fórmula de un aclarador en crema:
   a) debilitará el producto
   b) aumentará la potencia del aclarador
   c) romperá el cabello
   d) dependerá de la longitud del cabello del cliente
   _____

57. Los blanqueadores en polvo no pueden aplicarse a:
   a) cabello más oscuro del nivel 5
   b) cabello gris
   c) cabello más oscuro del nivel 3
   d) el cuero cabelludo
   _____

58. Los aclaradores actúan:
   a) eliminando la melanina
   b) difuminando la melanina
   c) aclarando la melanina
   d) tonalizando la melanina
   _____

59. El aclarado puede alterar la porosidad, elasticidad y _____ del cabello.
   a) textura
   b) producción futura de melanina
   c) forma
   d) longitud
   _____

60. Hay _____ grados de decoloración.
    a) 4   c) 7
    b) 10   d) 2   _____

61. Nunca es seguro:
    a) aplicar un aclarador durante   c) eliminar una mezcla de aclarado
       60 minutos   y aplicar otra
    b) usar un producto con peróxido   d) decolorar el cabello hasta
       después de un aclarador   volverlo blanco   _____

62. Las subdivisiones del aclarador deben ser de
    a) 0,33 cm   c) 0,66 cm
    b) 1,25 cm   d) 2,5 cm   _____

63. La superposición de un aclarador puede provocar roturas y:
    a) retardar el crecimiento del cabello   c) líneas de demarcación
    b) aclarado de puntos   d) irritaciones del cuero cabelludo   _____

64. Antes de utilizar un tonalizador, debe alcanzarse el(la) _____
    apropiado(a).
    a) nivel   c) textura
    b) tono   d) base   _____

65. Cuando se aplica una técnica de transparencias de gorro, es normal
    utilizar un aclarador:
    a) graso   c) en crema
    b) en polvo   d) líquido   _____

66. La aplicación de un aclarador directamente sobre el cabello peinado y
    seco se conoce como:
    a) técnica del gorro   c) técnica de manos libres
    b) técnica del papel de aluminio   d) técnica de estilo libre   _____

67. Para no afectar al cabello no tratado durante un tratamiento de
    transparencias, use un _____ al tonalizar.
    a) tinte de alta elevación   c) relleno
    b) tonalizador no oxidante   d) tonalizador con 20 volúmenes
                                            de peróxido   _____

68. Para corregir tonos amarillos no deseados en un cabello sin pigmentar,
    se puede aplicar:
    a) un enjuagado azul   c) un tinte amarillo más claro
    b) un relleno neutro   d) un nivel de violeta comparable   _____

69. El presuavizado se realiza para abrir la cutícula y:
    a) abrir la corteza
    b) eliminar tonos dorados
    c) crear los tonos dorados que faltan
    d) suavizar la melanina _____

70. Para eliminar las acumulaciones de henna, aplique alcohol al 70% durante 5-7 minutos, y después:
    a) aplique un aceite mineral
    b) aplique el tinte deseado
    c) enjuague y lave con champú
    d) enjuague y aplique un blanqueador en crema _____

71. La forma más efectiva de garantizar futuros servicios químicos, después de tratar el cabello con tintes metálicos y de recubrimiento, consiste en:
    a) usar un disolvente de tinte
    b) cortar el cabello teñido
    c) tratarlo con alcohol al 70%
    d) aplicar agua amoniacal _____

72. Los rellenos se utilizan para equilibrar la porosidad y:
    a) abrir la cutícula
    b) difuminar la melanina
    c) depositar un color base
    d) eliminar la acumulación de color _____

73. Para conseguir rojos sobre niveles naturales más oscuros, puede:
    a) preaclarar
    b) recomendar un sombrero
    c) presuavizar
    d) usar un rojo de alta elevación _____

74. Se puede eliminar el tinte si:
    a) el color es demasiado claro
    b) el color es demasiado oscuro
    c) el cabello no absorbe el tonalizador
    d) el blanqueador no eleva suficiente _____

75. Después de usar un quitacolorante:
    a) proceda con el peinado
    b) aplique el aclarador
    c) aplique el color deseado
    d) realice transparencias con papel de aluminio _____

76. Cuando se realiza un teñido de restauración:
    a) debe utilizar un aclarador
    b) no se puede cortar el cabello
    c) debe presuavizar el cabello
    d) se debe utilizar un relleno _____

77. El tipo de cabello que puede que procese más claro con un tinte de depósito es el:
    a) fino
    b) grueso
    c) gris
    d) liso _____

78. El cabello rizado puede:
    a) reflejar más luz
    b) parecer más claro
    c) aclararse con dificultad
    d) requerir un tono más fuerte _____

79. El grado de oscuridad o claridad de un color se conoce como:
    a) nivel
    b) intensidad
    c) tono
    d) potencia _____

80. La categoría "S" de color natural de pelo indica:
    a) pelo oscuro
    b) pelo medio
    c) pelo claro
    d) pelo muy claro _____

81. La intensidad de pigmentación más fuerte se encuentra en la:
    a) categoría "R"
    b) categoría "B"
    c) categoría "S"
    d) categoría "W" _____

82. El cabello sin pigmentar puede ser más grueso y:
    a) más elástico
    b) más fino
    c) más liso
    d) menos elástico _____

83. Durante la consulta, es mejor seleccionar:
    a) el matiz exacto deseado
    b) un rango de colores
    c) un color cercano al natural
    d) directamente en el diagrama _____

84. Cuando se utiliza un color semipermanente, se hincha el tallo del cabello debido a la presencia de:
    a) un álcali
    b) protinadores
    c) colores certificados
    d) peróxido de hidrógeno _____

85. Los tintes compuestos son una combinación de tintes metálicos y:
    a) un tinte de oxidación
    b) anilina
    c) polímeros
    d) tintes vegetales _____

86. Después de mezclar y utilizar un tinte de oxidación:
    a) debe desecharse
    b) debe sellarse completamente
    c) puede utilizarse durante 24 horas
    d) se convierte en un tinte semipermanente _____

87. Los tintes permanentes no contienen:
    a) un color base
    b) peróxido de hidrógeno
    c) derivados de la anilina
    d) amoníaco _____

88. Al formular un tinte permanente para cabellos sin pigmentar en un 10-30%, la elección del color debe ser:
   a) 2 partes del nivel deseado y 1 parte de uno más claro
   b) un nivel más claro
   c) partes iguales del nivel deseado y uno más claro
   d) el nivel deseado _____

89. La acción de cobertura de la henna:
   a) puede impedir la penetración de otros productos químicos
   b) puede dejar un matiz verde
   c) puede aumentar la penetración de otros productos químicos
   d) puede comprobarse con amoníaco _____

90. Cuando seleccione un color de relleno:
   a) sustituya el color primario que falta en el cabello
   b) reduzca el color primario adicional
   c) sustituya el color secundario que falta en el cabello
   d) reduzca el color secundario adicional _____

91. El primer paso para camuflar adecuadamente un abrasamiento excesivo es:
   a) realizar una prueba de parche
   b) identificar el color real de abrasamiento
   c) eliminar el tinte con un quitacolorante
   d) utilizar un tinte con base violeta _____

92. Un gorro de jabón implica el uso de champú con:
   a) decolorantes grasos
   b) relleno
   c) tinte
   d) un enjuagado de color _____

93. Cuando se aplica un aclarador por encima de la línea de demarcación:
   a) se necesita un tonalizador
   b) se pueden producir roturas
   c) se necesita un gorro de jabón
   d) puede que el cabello no acepte el color _____

94. El color subyacente que emerge durante el aclarado se conoce como:
   a) feomelanina
   b) eumelanina
   c) tono subyacente
   d) intensidad _____

95. Si se almacena adecuadamente, el peróxido mantiene su efectividad durante:
   a) 3 años
   b) 1 año
   c) 6 meses
   d) 10 años _____

96. Si se aclara demasiado, el tonalizador puede hacer que el cabello parezca:
   a) demasiado claro
   b) gris o ceniciento
   c) blanco
   d) demasiado dorado   _____

97. Un tinte aplicado sobre un cabello dañado puede parecer:
   a) más cálido
   b) más claro
   c) más frío
   d) lentamente   _____

98. Un champú de reflejos es una combinación de champú y:
   a) un tinte derivado de la anilina
   b) un tinte semipermanente
   c) un decolorante graso
   d) peróxido de hidrógeno   _____

99. Un ejemplo de aplicación de tinte de doble proceso es:
   a) lavar con champú y aplicar
   b) el aclarado de puntos
   c) acondicionar y aplicar un tonalizador un tinte temporal
   d) presuavizar y teñir   _____

100. Los tintes de polímero se clasifican como:
   a) temporales
   b) de depósito
   c) semipermanentes
   d) tintes oxidantes   _____

Relajación química del pelo y permanente de rizo suave

1. Cuando utilice hidróxido sódico, proteja el cuero cabelludo del cliente con:
   a) gel
   b) un estabilizador
   c) una crema derivada del petróleo
   d) un acondicionador _____

2. La acción de un relajante de hidróxido sódico consigue que el cabello se:
   a) suavice y ensanche
   b) expanda y endurezca
   c) endurezca y ajuste
   d) hunda _____

3. Con frecuencia, los relajantes quimicos deben acompañarse de:
   a) una crema derivada del petróleo
   b) un acondicionador
   c) una loción onduladora
   d) un estabilizador _____

4. Un neutralizador también puede denominarse:
   a) oxidante
   b) activador
   c) fijador
   d) potenciador _____

5. Para determinar a priori los resultados de un tratamiento de relajación química, es necesario realizar una:
   a) prueba de parche
   b) prueba de reloj
   c) prueba de predisposición
   d) prueba de mechón _____

6. Si el cabello está dañado por un alisado con peine caliente, un teñido o un aclarado, el cosmetólogo debe:
   a) aplicar el relajante y después acondicionar
   b) renunciar al relajante hasta que se apliquen tratamientos de acondicionamiento
   c) aplicar el relajante y después volver a teñir
   d) volver a teñir el cabello y después aplicar el relajante _____

7. Un factor que afecta al tiempo de aplicación de un relajante químico es(son):
   a) los productos de peluquería utilizados con anterioridad
   b) la marca del relajante utilizado
   c) la edad del cliente
   d) la porosidad del cabello   _____

8. El cuero cabelludo y la piel se protegen de posibles quemaduras derivadas del uso de un relajante, aplicando:
   a) algodón
   b) un estabilizador
   c) un champú ácido
   d) una base   _____

9. Después de tratar el cabello con un relajante de hidróxido sódico, y antes de lavar con champú, debe _____ a fondo.
   a) aceitarse
   b) enjuagarse
   c) secarse
   d) acondicionarse   _____

10. Antes de aplicar un relajante de tioglicolato, el cabello requiere:
   a) un presuavizado
   b) una estabilización
   c) una prueba de predisposición
   d) un prelavado con champú   _____

11. La crema relajante se aplica justo cerca del cuero cabelludo, porque el proceso es acelerado en esta zona por:
   a) la velocidad de la aplicación
   b) las glándulas sebáceas
   c) el calor corporal
   d) la perspiración   _____

12. Desenredar el cabello con energía después de un tratamiento de relajación química puede provocar _____ del cabello.
   a) la inversión
   b) la rotura
   c) la decoloración
   d) el anudamiento   _____

13. La prueba que determina el grado de elasticidad del cabello se conoce como prueba:
   a) del dedo
   b) de coincidencia
   c) de estiramiento
   d) de mechón   _____

14. Después de un relajante químico, el mejor tipo de champú es un:
   a) champú orgánico
   b) champú no alcalino
   c) champú antibacteriano
   d) champú seco   _____

15. Después de un tratamiento de relajante químico, se aplica un acondicionador:
    a) antes de peinar el cabello
    b) sólo si existen roturas
    c) solamente al cuero cabelludo
    d) solamente a las puntas   _____

16. Cuando se analiza el estado del cabello, es necesario evaluar su porosidad, textura y:
    a) estilo
    b) color
    c) corte
    d) elasticidad   _____

17. Los dos métodos más habituales de relajación química son el método tio y el método:
    a) térmico
    b) del hidróxido sódico
    c) de prensado duro
    d) del tioglicolato de amonio   _____

18. Cuando se detecta la presencia de _____, deben evitarse tratamientos de relajación química.
    a) pitiriasis
    b) abrasiones del cuero cabelludo
    c) productos anteriores de peluquería
    d) exceso de grasa   _____

19. La *porosidad del cabello* se refiere a su capacidad para:
    a) aceptar estabilizadores
    b) secarse rápidamente
    c) estirarse y volver a su forma original
    d) absorber la humedad   _____

20. La *elasticidad del cabello* se refiere a su capacidad para:
    a) crecer sin desprenderse
    b) estirarse y volver a su forma original
    c) absorber la humedad
    d) volver a crecer después de romperse   _____

21. La *textura del cabello* se refiere a su:
    a) volumen o aplastamiento
    b) cantidad por centímetro cuadrado
    c) grosor o finura
    d) capacidad para estirarse y volver a su forma original   _____

22. Los tres métodos generales para aplicar relajantes químicos son el método del peine, el método del cepillo y:
    a) el método del guante
    b) el método del gorro
    c) el método del papel de aluminio
    d) el método del dedo   _____

23. Para comprobar el proceso de relajación, presione un mechón sobre el cuero cabelludo; si el cabello se aparta del cuero cabelludo,:
    a) enjuague inmediatamente
    b) continúe con el proceso
    c) añada neutralizador
    d) humedezca con agua   _____

24. Un peinado acabado es una combinación de peinado y:
    a) exceso de proceso químico
    b) corte con maquinilla
    c) alisado químico
    d) corte elevado
    _____

25. Un utensilio necesario para realizar un fundido químico es un/una:
    a) secador de mano
    b) peine de cardado
    c) tenaza térmica
    d) lámpara calorífica
    _____

26. Cuando se realiza un fundido químico, la consideración más importante es que el cabello *no* debe ser:
    a) ondulado con aire
    b) relajado en exceso
    c) relajado de manera insuficiente
    d) elevado
    _____

27. Los aceites naturales eliminados por el relajante son sustituidos por:
    a) el lavado con champú
    b) la estabilización
    c) el enjuagado
    d) el acondicionamiento
    _____

28. El ondulado permanente de rizo suave es un método de:
    a) ondulado permanente para cabello liso
    b) ondulado permanente de cabello muy rizado
    c) relajación permanente del cabello
    d) relajación de cabello ondulado permanentemente
    _____

29. Una permanente de rizo suave *no* debe aplicarse a un cabello:
    a) relajado con hidróxido sódico
    b) no étnico
    c) relajado con tioglicolato de amonio
    d) muy rizado
    _____

30. El gel o crema de tioglicolato, utilizado para las permanentes de rizo suave, se aplica al cabello para:
    a) aumentar la flexibilidad del cuero cabelludo
    b) endurecer el cabello antes del proceso
    c) suavizar el cabello para su enrollamiento
    d) endurecer el cabello para su enrollamiento
    _____

31. Para organizar el patrón de rizado, los bigudíes seleccionados para una permanente de rizo suave deben ser:
    a) al menos 2 veces mayores que el rizo natural
    b) 1 tamaño menor que el rizo natural
    c) iguales al rizo natural
    d) al menos 2 veces mayores que el rizo deseado
    _____

32. Para conseguir una buena conformación del rizo, el cabello debe rodear al bigudí al menos:
    a) 2 veces y media
    b) 4 veces
    c) 1 vez y media
    d) 1 vez
    _____

33. Al realizar una permanente de rizo suave, aplique tio hasta que todo el cabello de los bigudíes esté completamente saturado, y entonces:
    a) humedezca con agua
    b) enjuague el exceso de tio
    c) sustituya el algodón saturado
    d) cubra al cliente
    _____

34. Después de neutralizar correctamente una permanente de rizo suave, es importante:
    a) retirar los bigudíes con cuidado
    b) enjuagar con agua caliente
    c) dejar el cabello en los bigudíes hasta que se seque
    d) aplicar una base
    _____

35. Después de una permanente de rizo suave, se puede utilizar un _____ para mantener el brillo del cabello.
    a) neutralizador
    b) activador
    c) revelador
    d) enjuagado con agua
    _____

Alisado térmico del cabello

1. El prensado del cabello suele durar:
   a) una noche
   b) hasta que se lava con champú
   c) una semana
   d) de corte a corte
   _____

2. Los tipos de prensado del cabello son prensado suave, prensado duro y:
   a) prensado croquignole
   b) prensado ligero
   c) el prensado de la figura 8
   d) prensado medio
   _____

3. La temperatura del peine de prensado debe ajustarse a el/la _____ del cabello.
   a) limpieza
   b) estilo
   c) textura
   d) longitud
   _____

4. El mejor momento para realizar un prensado de cabello es:
   a) antes de un lavado con champú
   b) después de un lavado con champú
   c) antes de que el cabello se engrase
   d) después de un peinado
   _____

5. El tipo de cabello más sencillo de prensar es el:
   a) cabello hirsuto y rizado
   b) cabello rizado y resistente
   c) cabello virgen
   d) cabello de rizo medio
   _____

6. Cuando prense cabello gris, use una presión ligera y:
   a) calor moderado
   b) más aceite de prensado
   c) calor intenso
   d) un cepillo de prensado mayor
   _____

7. El cabello que parece sin vida y lacio suele carecer de:
   a) elasticidad
   b) textura
   c) porosidad
   d) densidad
   _____

8. El tipo de cabello que requiere menos calor y presión es el:
   a) grueso   c) corto
   b) fino   d) rizado   _____

9. La aplicación de un peine caliente dos veces a cada lado del cabello se
   conoce como:
   a) prensado duro   c) prensado regular
   b) prensado suave   d) prensado con peine   _____

10. El prensado del cabello:
    a) ondula el cabello   c) alisa el cabello temporalmente
       permanentemente
    b) riza temporalmente el   d) proporciona ondas anchas al
       cabello liso   cabello rizado   _____

11. Un buen tratamiento de prensado:
    a) mejora la textura del cabello c) mejora el estado del cabello
    b) no es perjudicial para el cabello d) dura 4-6 semanas   _____

12. El prensado se realiza con:
    a) tenazas marcel   c) un masaje del cuero cabelludo
    b) una crema protectora   d) un peine de prensado   _____

13. Si el peine de prensado no está suficientemente caliente, el cabello:
    a) requerirá más presión   c) requerirá más aceite de
                                          prensado
    b) no se alisará   d) necesitará un prensado doble _____

14. La quemadura de los mechones de cabello:
    a) sólo se produce en un   c) no se puede acondicionar
       prensado duro
    b) se sella con aceite   d) ayuda a mantener ciertos estilos _____

15. Para prensar cabello grueso, se necesita más calor, porque:
    a) contiene una médula   c) tiene una cutícula más grande
    b) posee el mayor diámetro   d) nunca es gris   _____

16. Al prensarlo, el cabello grueso y muy rizado puede tolerar:
    a) menos calor que el cabello fino c) menos aceite de prensado
    b) menos presión que el   d) más calor que el cabello
       cabello medio   fino   _____

17. Para evitar roturas al prensar cabellos finos, se requiere:
    a) más calor y presión
    b) menos calor y presión
    c) más crema protectora
    d) no usar aceite de prensado   _____

18. El uso de un calor excesivo en cabello gris, teñido o aclarado puede:
    a) alterar el futuro crecimiento del cabello
    b) poner el cabello tieso
    c) decolorar el cabello
    d) arruinar el peine de prensado   _____

19. No corregir el cabello seco y quebradizo antes del alisado térmico puede provocar:
    a) la rotura del cabello
    b) un resultado más débil
    c) más tratamientos de retoque
    d) un rizado excesivo   _____

20. Para evitar el humo o las quemaduras durante el prensado del cabello, utilice:
    a) más calor
    b) aceite de prensado precalentado
    c) menos aceite de prensado
    d) más aceite de prensado   _____

21. Un prensado duro en que se pasan unas tenazas térmicas por el cabello, se llama:
    a) prensado químico
    b) prensado doble
    c) prensado térmico
    d) prensado de bigudí   _____

22. Los tratamientos de prensado del cabello entre lavados con champú se denominan:
    a) retoques
    b) repeticiones
    c) reprensados
    d) prensados suaves   _____

23. Cuando prense cabello aclarado o teñido, use una presión ligera y:
    a) más calor
    b) calor moderado
    c) menos aceite de prensado
    d) una base protectora   _____

24. El cabello hirsuto y muy rizado tiene unas cualidades que:
    a) facilitan su prensado
    b) requieren menos aceite de prensado
    c) dificultan su prensado
    d) exigen que se relaje antes de un tratamiento de prensado   _____

25. Antes de realizar un prensado de cabello, hay que dividirlo en:
    a) 9 secciones
    b) 4 secciones
    c) 5 secciones
    d) 3 secciones   _____

26. Un cuero cabelludo se puede clasificar como normal, flexible o:
    a) quebradizo
    b) delgado
    c) poroso
    d) liso
    _____

27. La aplicación del peine térmico de presión una vez a cada lado del cabello se requiere para un:
    a) prensado suave
    b) prensado doble
    c) prensado croquignole
    d) prensado duro
    _____

28. Los peines de prensado deben fabricarse con acero o _____ de buena calidad.
    a) cinc
    b) ebonita
    c) plástico
    d) latón
    _____

29. El prensado o alisado real del cabello se realiza con _____ del peine.
    a) los dientes
    b) el mango
    c) la varilla posterior
    d) la cola
    _____

30. El cabello y el cuero cabelludo se pueden reacondicionar con productos especiales para el cabello, cepillando el cabello y:
    a) con un enjuagado intenso
    b) con un champú seco
    c) enjuagando al limón
    d) con un masaje del cuero cabelludo
    _____

31. La parte metálica de un peine de prensado se puede sumergir en una solución de _____ durante una hora para darle aspecto suave y brillante.
    a) amoníaco
    b) sosa de panificación caliente
    c) hipoclorito sódico
    d) alcohol y champú
    _____

32. Cuando se aplica un tratamiento de prensado, el cosmetólogo debe evitar:
    a) el exceso de calor y presión
    b) el secado completo del cabello
    c) las puntas del cabello
    d) la división del cabello
    _____

33. Los tratamientos de prensado del cabello demasiado frecuentes pueden producir:
    a) exceso de grasa en el pelo
    b) hirsutismo
    c) la rotura progresiva del cabello
    d) hipertricosis
    _____

34. Se puede eliminar el carbono del peine de prensado, frotándolo con:
    a) una toalla húmeda
    b) una lima de esmeril
    c) desinfectante
    d) aceite de prensado
    _____

El pelo artificial

1. Modacrílica es un término utilizado para describir pelucas hechas de:
   a) pelo animal
   b) cabello humano
   c) fibras sintéticas
   d) una mezcla de pelo animal y humano _____

2. Las pelucas de cabello humano se pueden teñir con enjuagados de color que:
   a) duran permanentemente
   b) no depositan color
   c) aclaran el color
   d) se mantienen de limpieza en limpieza _____

3. Las pelucas de pelo humano se distinguen de las de pelo sintético por medio de una simple:
   a) prueba de estiramiento
   b) prueba de coincidencia
   c) prueba de predisposición
   d) prueba de mechón _____

4. Las pelucas de pelo humano pueden limpiarse correctamente con:
   a) un limpiador líquido
   b) cualquier champú
   c) un jabón alcalino
   d) champús secos, únicamente _____

5. Si se usan con frecuencia, las pelucas de pelo humano deben limpiarse cada:
   a) 2-4 semanas
   b) 8-10 semanas
   c) 2–3 meses
   d) 4–6 meses _____

6. La sequedad y fragilidad de las pelucas se previene:
   a) almacenándolas en una cabeza artificial de corcho
   b) cepillándolas pocas veces
   c) con el acondicionamiento
   d) usando champú seco _____

7. Los peinados de las pelucas se mantienen junto a la cabeza utilizando:
   a) rulos más pequeños
   b) rizos fijos
   c) rulos más grandes
   d) rizos en caída _____

8. Una larga trama de cabello montada con un bucle al final se conoce como:
   a) peluquín
   b) caída
   c) añadido
   d) moño _____

9. Un postizo con base plana que se mezcla con el cabello propio del cliente se denomina:
   a) cascada
   b) caída
   c) crepe
   d) bisoñé _____

10. Cada vez que se limpia en seco una peluca de cabello humano, hay que:
    a) reajustar su tamaño
    b) reacondicionarla
    c) volver a anudarla
    d) volver a estirarla _____

11. Para acortar una peluca desde la frente a la nuca, es recomendable utilizar:
    a) pliegues horizontales
    b) un elástico más fuerte
    c) pliegues verticales
    d) una cabeza artificial más pequeña y agua caliente para que encoja la base _____

12. Para reducir la anchura en la parte posterior de la peluca, de oreja a oreja, utilice:
    a) pliegues horizontales
    b) un elástico más fuerte
    c) una cabeza artificial más pequeña y agua caliente para que encoja la base
    d) pliegues verticales _____

13. El tipo de cabeza artificial más adecuado para todos los servicios de pelucas es una:
    a) cabeza artificial metálica
    b) cabeza artificial de porcelana
    c) cabeza artificial de lona
    d) cabeza artificial de resina de estireno _____

14. Las pelucas cosidas a mano deben limpiarse:
    a) en un cuenco no metálico
    b) sobre una cabeza artificial
    c) con menos frecuencia
    d) cada 3 meses _____

15. Cuando se corta el pelo de una peluca de cabello humano, hay que tener un cuidado especial en:
    a) mantener el pelo seco
    b) no usar navaja
    c) mantener el gorro seco
    d) reducir el exceso de volumen _____

Manicura y pedicura

1. Las limas de esmeril se utilizan para:
   a) afinar el borde libre
   b) eliminar la suciedad de debajo de la uña
   c) dar forma al borde libre
   d) empujar la cutícula hacia atrás
   _____

2. Las formas de las uñas deben adaptarse _____ del cliente.
   a) al tamaño de la mano
   b) a las puntas de los dedos
   c) al lecho de la uña
   d) al borde libre
   _____

3. Si se derrama sangre durante un procedimiento, el utensilio debe:
   a) desecharse
   b) frotarse con algodón
   c) limpiarse y desinfectarse
   d) enjuagarse con agua
   _____

4. Las uñas quebradizas y las cutículas secas se tratan con:
   a) manicura de aceite
   b) un masaje de manos
   c) un empujador de cutícula
   d) más tiempo de remojo
   _____

5. Si un cliente se corta accidentalmente cuando se le hace la manicura, aplique:
   a) un lápiz estíptico
   b) alumbre en polvo
   c) presión
   d) alcohol
   _____

6. El endurecedor de uñas se aplica:
   a) después de la capa base
   b) antes de la capa base
   c) después del esmalte de uñas
   d) después de la capa superior
   _____

7. La manicura que no se aplica en su zona específica, y que se realiza normalmente mientras el cliente recibe otro servicio, se denomina:
   a) manicura de cabina
   b) manicura de aceite caliente
   c) manicura normal
   d) manicura móvil
   _____

8. La solución desinfectante para los utensilios debe prepararse:
   a) semanalmente
   b) diariamente
   c) cada 2 días
   d) 3 veces al día _____

9. El esmalte debe eliminarse con:
   a) un movimiento firme desde la base de la uña hasta su punta
   b) un movimiento de torsión
   c) un movimiento firme desde la punta de la uña hasta su base
   d) un movimiento circular _____

10. Cuando se da forma a la uña, se lima desde:
    a) la esquina hacia el centro
    b) la izquierda hacia la derecha
    c) el centro hacia la esquina
    d) esquina a esquina _____

11. Cuando recorte la cutícula, asegúrese de hacerlo:
    a) en pequeñas secciones
    b) en un lado cada vez
    c) como un elemento único
    d) sólo en la base _____

12. Después de una manicura de aceite, hay que retirar todos los restos antes de:
    a) limar
    b) aplicar la capa base
    c) dar un masaje
    d) aplicar la capa superior _____

13. La forma correcta de aplicar el esmalte de uñas desde la base hasta el borde libre es:
    a) trabajar desde los lados hacia el centro
    b) usar pasadas cortas
    c) permitir que el esmalte forme una bola en el cepillo antes de extenderlo
    d) aplicarlo rápida y ligeramente _____

14. Un masaje de manos se puede realizar antes de:
    a) esmaltar
    b) remojar los dedos
    c) limar
    d) empujar las cutículas _____

15. Después de aplicar el esmalte, limpie el exceso con:
    a) el pulgar
    b) un empujador de cutícula
    c) un palillo de naranjo con algodón en la punta
    d) una bolita de algodón _____

16. Aplique el esmalte de uñas:
    a) sobre la capa superior
    b) sobre la capa base
    c) sobre el sellador
    d) antes de la capa base _____

17. La forma ideal de uña es:
    a) afilada
    c) ovalada
    b) rectangular
    d) redonda
    _____

18. Las manchas de las uñas se pueden aclarar con blanqueadores de uñas o con:
    a) una manicura de aceite
    c) acetona
    b) polvo de piedra pómez
    d) peróxido
    _____

19. Las estrías onduladas pueden mejorarse puliendo las uñas con:
    a) polvo de piedra pómez
    c) aceite
    b) una lima metálica
    d) un bloque de lija
    _____

20. Para reparar uñas desgarradas, rotas o abiertas, y para fortificar las uñas débiles o frágiles, se recomienda el siguiente servicio:
    a) manicura de aceite
    c) envoltura de uñas
    b) limado de uñas
    d) empujar la cutícula
    _____

21. Un pulidor de uñas no se puede utilizar:
    a) sobre las uñas naturales
    c) donde la ley lo prohíbe
    b) con esmalte seco
    d) con polvo de piedra pómez
    _____

22. Para mantener las manos del cliente bien arregladas y suaves, la manicura debe incluir:
    a) aceite caliente
    c) polvo de piedra pómez
    b) la extracción de la cutícula
    d) un masaje de manos
    _____

23. A los clientes con uñas arrugadas y quebradizas o con cutículas secas, se les recomienda un/una:
    a) manicura de aceite
    c) forma de uñas cuadrada
    b) tiempo de remojo más largo
    d) envoltura de uñas
    _____

24. Los cepillos utilizados para capas acrílicas se limpian sumergiéndolos en:
    a) alcohol
    c) un quat débil
    b) agua jabonosa
    d) quitaesmalte
    _____

25. ¿Qué material no se debe utilizar nunca sobre uñas artificiales de plástico?
    a) aceite de cutícula
    c) quitaesmalte de acetona
    b) secador de esmalte de uñas
    d) loción de manos
    _____

26. Las envolturas de uñas con seda permiten:
    a) la máxima adherencia
    b) una aplicación fácil
    c) una eliminación fácil
    d) un aspecto suave y uniforme _____

27. El material más fuerte utilizado para la envoltura de uñas es el/la:
    a) tejido reparador
    b) acrílico
    c) seda
    d) lino _____

28. El palillo de blanqueador de uñas se frota:
    a) sobre el lecho de la uña
    b) encima del borde libre
    c) bajo el borde libre
    d) alrededor de la cutícula _____

29. Cuando se aplica acrílico, la primera bola debe colocarse:
    a) en el borde libre
    b) en la base de la uña
    c) en el centro de la uña
    d) en un lado de la uña _____

30. A las uñas que reciben rellenos para uñas esculpidas se les aplica antiséptico de uñas inmediatamente antes de:
    a) limar
    b) limpiar las uñas
    c) imprimir
    d) esmaltar _____

31. Para evitar la contaminación en un servicio acrílico de uñas, no toque la uña:
    a) mientras la capa base esté pegajosa
    b) con las manos desnudas
    c) después de aplicar la imprimación
    d) después de eliminar el polvo y las limaduras _____

32. La retirada de cualquier producto artificial de uñas puede dañar las uñas naturales, si el especialista:
    a) utiliza un quitaesmalte graso
    b) estira o retuerce el producto
    c) utiliza un quitaesmalte con acetona
    d) utiliza un palillo de naranjo _____

33. El polvo de piedra pómez suele ser un ingrediente en un/una:
    a) crema de cutícula
    b) abrasivo de uñas
    c) crema de manos
    d) esmalte de uñas seco _____

34. Para añadir longitud en lugar de fuerza de manera sencillo, se usa(n):
    a) envoltura de uñas
    b) tratamientos líquidos de uñas
    c) una capa acrílica
    d) puntas de uñas _____

35. Durante el relleno o reparación de uñas esculpidas, se utiliza un bloque pulidor para:
    a) pulir el acrílico y combinarlo en la zona de nuevo crecimiento
    b) afinar el borde libre
    c) afinar la placa de las uñas
    d) cambiar la forma del borde libre
    _____

36. La suciedad y _____ atrapados entre los productos de uñas artificiales y las uñas naturales pueden producir hongos.
    a) el esmalte de uñas
    b) el imprimador
    c) la humedad
    d) los aceites de las uñas naturales
    _____

37. Una capa superior o sellador consigue que el esmalte de uñas:
    a) se adhiera a la superficie de la uña
    b) sea más resistente al astillamiento
    c) parezca más espeso
    d) se seque con más rapidez
    _____

38. El cuenco para los dedos debe llenarse con:
    a) crema de cutícula
    b) jabón antibacteriano
    c) desinfectante
    d) esmalte de uñas seco
    _____

39. La mayoría de los adhesivos de uñas artificiales:
    a) son geles
    b) no deben utilizarse con plástico
    c) son inflamables
    d) causan los hongos de las uñas
    _____

40. Si el cliente padece de pie de atleta, se recomienda:
    a) un calzado medicinal
    b) una pedicura
    c) un cambio más frecuente de calcetines
    d) un examen médico
    _____

41. Para evitar que las uñas se encarnen:
    a) asegúrese de que están redondeadas
    b) no lime las esquinas
    c) asegúrese de que tienen un borde libre de 0,66 cm
    d) utilice la parte fina de la lima de esmeril
    _____

42. Si está realizando un masaje de piernas junto con una pedicura, no aplique el masaje:
    a) al tejido muscular de la parte lateral de la espinilla
    b) por encima del tobillo
    c) a la espinilla
    d) por debajo de la rodilla
    _____

43. El médico especializado en el cuidado de los pies se conoce como:
    a) dermatólogo
    b) podólogo
    c) médico ortopédico
    d) optomólogo
    _____

44. Cuando utilice uñas artificiales aplicadas por presión, no aplique adhesivo:

a) en los bordes de la uña natural

b) hasta que se coloque la uña

c) en la parte interior de la uña artificial

d) en el centro de la uña _____

45. Cuando realice una pedicura:

a) no masajee los dedos

b) no corte la cutícula

c) no utilice astringentes

d) no aplique una capa base _____

La uña y sus trastornos

1. Una uña sana es suave, curvada y sin hundimientos ni:
   a) bordes irregulares
   b) flexibilidad
   c) firmeza
   d) curvas
   _____

2. Una uña sana tiene un aspecto:
   a) púrpureo
   b) rosado
   c) amarillento
   d) azulado
   _____

3. La función de las uñas es:
   a) adornar las puntas de los dedos
   b) proteger la matriz
   c) proporcionar fuerza a los dedos
   d) proteger los dedos
   _____

4. Las uñas se componen de queratina, que es:
   a) un enlace polipéptido
   b) un tejido endurecido
   c) una proteína
   d) un conjunto de células epiteliales endurecidas
   _____

5. En un adulto, las uñas crecen un promedio de:
   a) 0,33 cm al mes
   b) 0,33 cm a la semana
   c) 1,25 cm al mes
   d) 0,66 cm a la semana
   _____

6. Las uñas tienden a crecer más deprisa:
   a) en invierno
   b) en los ancianos
   c) en los niños
   d) en primavera
   _____

7. La placa de las uñas también se conoce como:
   a) manto
   b) lecho de la uña
   c) borde libre
   d) cuerpo de la uña
   _____

8. La raíz de las uñas está alojada en un tejido de crecimiento conocido como:
   a) cuerpo de la uña
   b) manto
   c) placa de la uña
   d) matriz

   _____

9. La _____ es un estado de las uñas que puede recibir manicura.
   a) onicosis
   b) onicofagia
   c) oniquia
   d) paroniquia

   _____

10. La parte de la uña que sobresale sobre la punta del dedo se conoce como:
    a) borde libre
    b) matriz
    c) hiponiquio
    d) lúnula

    _____

11. Las células que generan y endurecen la uña se encuentran en el/la:
    a) cuerpo de la uña
    b) placa de la uña
    c) lecho de la uña
    d) matriz

    _____

12. El color claro de la lúnula se debe a la reflexión de la luz donde:
    a) se encuentran el borde libre y el lecho de la uña
    b) se unen la matriz y el tejido conectivo del lecho de la uña
    c) se unen la matriz y la cutícula
    d) se unen el lecho de la uña y sus paredes

    _____

13. La matriz de la uña:
    a) no afecta a su fuerza
    b) se reproduce constantemente
    c) no contiene nervios
    d) es responsable del color de la uña

    _____

14. La forma de la lúnula es:
    a) triangular
    b) ovalada
    c) una media luna
    d) redonda

    _____

15. El nombre técnico de la uña es:
    a) onicosis
    b) onix
    c) onicauxis
    d) oniquia

    _____

16. La parte de la cutícula que cubre la lúnula se llama:
    a) hiponiquio
    b) eponiquio
    c) perioniquio
    d) pared de la uña

    _____

17. La sustitución de una uña completa tarda aproximadamente:
    a) 4 semanas
    b) 6 semanas
    c) 2 meses
    d) 4 meses
    _____

18. El pliegue profundo de la piel en que está incrustada la raíz se llama:
    a) matriz
    b) pared de la uña
    c) manto
    d) surco de la uña
    _____

19. Si se destruye la matriz, la uña:
    a) se endurece
    b) no vuelve a crecer
    c) crece más deprisa
    d) crece más despacio
    _____

20. La parte de la piel que se superpone alrededor de la uña se conoce habitualmente como:
    a) hiponiquio
    b) leuconiquia
    c) manto
    d) cutícula
    _____

21. La parte de la piel situada debajo del borde libre se denomina:
    a) hiponiquio
    b) eponiquio
    c) perioniquio
    d) cutícula
    _____

22. La extensión de la piel de la cutícula en la base de la uña se conoce como:
    a) hiponiquio
    b) eponiquio
    c) perioniquio
    d) lecho de la uña
    _____

23. Las paredes de la uña son pequeños pliegues de la piel que cubren los lados del/de la:
    a) manto
    b) borde libre
    c) lecho
    d) cuerpo de la uña
    _____

24. Los surcos de la uña son las hendiduras arrugadas situadas en:
    a) los lados de la uña
    b) la base de la uña
    c) la raíz de la uña
    d) el manto de la uña
    _____

25. Los puntos blancos de las uñas se conocen como:
    a) onicauxis
    b) onicatrofia
    c) leuconiquia
    d) padrastros
    _____

26. Cuando la cutícula se rompe alrededor de la uña, se conoce como:
    a) onicorrexis
    b) padrastros
    c) onicofagia
    d) pterigión
    _____

27. Las uñas azules suelen ser un signo de:
    a) una lesión de muñeca
    b) un trastorno estomacal
    c) mala circulación sanguínea
    d) un trastorno pulmonar _____

28. Los bordes irregulares de las uñas se deben a:
    a) limar las uñas sin cuidado
    b) la sequedad de la cutícula
    c) un crecimiento no uniforme de las uñas
    d) comerse las uñas _____

29. El nombre común de la tinea es:
    a) tiña
    b) uña encarnada
    c) felón
    d) padrastro _____

30. Los padrastros pueden deberse a la sequedad de la:
    a) lúnula
    b) matriz
    c) médula
    d) cutícula _____

31. Las grietas de las uñas pueden ser producidas por:
    a) el esmalte de uñas
    b) limarlas sin cuidado
    c) padrastros
    d) omitosis _____

32. Un estado infeccioso e inflamatorio de los tejidos que rodean la uña se conoce como:
    a) onicatrofia
    b) paroniquia
    c) oniquia
    d) onicoptosis _____

33. Los padrastros se tratan suavizando la cutícula con:
    a) aceite caliente
    b) imprimador
    c) un baño de los dedos en agua caliente
    d) acetona _____

34. Los pliegues de las uñas pueden ser producidos por:
    a) preocupaciones
    b) enfados
    c) enfermedades
    d) el esmalte de uñas _____

35. El crecimiento de la cutícula hacia adelante, adhiriéndose a la base de la uña, se conoce como:
    a) atrofia
    b) pterigión
    c) paroniquia
    d) onicosis _____

36. Un dedo infectado debe ser tratado por un:
    a) especialista de manicura
    b) instructor
    c) médico
    d) cosmetólogo _____

92

37. El término general para un parásito vegetal es:
    a) hongo   c) onicauxis
    b) flagelos   d) onicosis   _____

38. La infección de hongos producida cuando queda humedad atrapada
    entre la uña natural no esterilizada y los productos de uñas artificiales se
    conoce como:
    a) sarna   c) moho de las uñas
    b) onix   d) pterigión   _____

39. El moho de las uñas en estado avanzado provoca que la uña se vuelva
    negra y:
    a) se endurezca   c) se desmenuce
    b) huela mal   d) se abra   _____

40. La oniquia es una inflamación con pus que afecta al/a la:
    a) cuerpo de la uña   c) borde libre
    b) matriz de la uña   d) cutícula de los lados de la uña _____

41. El nombre técnico que indica una enfermedad de las uñas es:
    a) onicauxis   c) onicosis
    b) onix   d) onicofagia   _____

42. Si no se cuidan correctamente, los padrastros pueden:
    a) producir corrugaciones   c) infectarse
    b) producir onicauxis   d) convertirse en tiña   _____

43. Los pliegues pueden estar producidos por daños en las células próximas:
    a) al borde libre   c) a las paredes
    b) a la matriz   d) a los surcos   _____

44. Las uñas de cáscara de huevo suelen aparecer en personas con
    _____ crónicos.
    a) trastornos digestivos   c) trastornos circulatorios
    b) trastornos nerviosos   d) trastornos musculares   _____

45. Un crecimiento anormal excesivo de la uña se conoce como:
    a) atrofia   c) onicofagia
    b) hipertrofia   d) onicorrexis   _____

46. El nombre médico de las uñas quebradizas es:
    a) onicorrexis   c) hipertrofia
    b) onicofagia   d) atrofia   _____

47. El nombre médico de las uñas mordidas es:
    a) leuconiquia
    b) oniquia
    c) onicauxis
    d) onicofagia

    _____

48. Habitualmente, la onicocriptosis se denomina:
    a) felón
    b) uñas mordidas
    c) uñas encarnadas
    d) tiña

    _____

49. Un crecimiento excesivo del grosor de una uña se conoce como:
    a) onicatrofia
    b) oniquia
    c) onicofagia
    d) onicauxis

    _____

50. El único servicio que puede realizar a un cliente con hongos o moho en las uñas es:
    a) aplicar esmalte
    b) quitar las uñas artificiales
    c) pulir para que brillen
    d) rellenar el nuevo crecimiento

    _____

Teoría del masaje

1. El effleurage, o golpeteo, es un movimiento de masaje que se aplica con:
   a) golpes fuertes
   b) rotaciones profundas con presión
   c) pellizcos ligeros
   d) un ritmo ligero y lento, sin presión firme

   _____

2. No se puede aplicar masajes a clientes con tensión arterial elevada o dolencias cardíacas, porque:
   a) es necesario que reposen en posición plana
   b) aumenta la potencia muscular
   c) pueden volverse irritables
   d) aumenta la circulación

   _____

3. ¿Qué tipo de movimiento de masaje es el petrissage?
   a) amasado
   b) percusión
   c) golpeteo
   d) fricción

   _____

4. Los cosmetólogos no tienen autorización para aplicar masajes:
   a) en las piernas, por debajo de la rodilla
   b) en el pecho
   c) en las piernas, por encima de la rodilla
   d) por debajo del cuello

   _____

5. El masaje de fricción requiere el uso de:
   a) movimientos vibratorios
   b) movimientos de palmeo
   c) movimientos de frotación profunda
   d) movimientos de golpeteo ligero

   _____

6. Cuando se realiza un movimiento de golpeteo, los dedos:
   a) golpean suavemente la piel
   b) no se utilizan
   c) permanecen rígidos
   d) se adaptan a la forma de la zona objeto del masaje

   _____

7. Para dominar las técnicas de masaje, debe poseer conocimientos de anatomía y:
   a) psicología
   b) histología
   c) fisiología
   d) química

8. La unión fija del extremo de un músculo con un hueso o tejido se conoce como _____ del músculo.
   a) articulación
   b) origen
   c) punto
   d) inserción

9. Los movimientos de amasado firme suelen producir:
   a) una estimulación profunda
   b) sensaciones de frío
   c) sensaciones tranquilizantes
   d) contracciones musculares

10. La percusión es un movimiento de masaje:
    a) vibratorio
    b) de pellizcos
    c) de fricción
    d) de golpeteo

11. No se debe dar masaje cuando:
    a) existen quemaduras solares
    b) existen empastes
    c) existen abrasiones
    d) existe tensión

12. El golpeteo es un ejemplo de:
    a) amasado
    b) fricción
    c) rellenado
    d) petrissage

13. Manipulando adecuadamente los puntos motores se:
    a) relajará el cliente
    b) proporcionará brillo a la piel
    c) proporcionará la estimulación más profunda
    d) calentarán los músculos para el masaje

14. La piel normal puede mantenerse con un masaje:
    a) diario
    b) semanal
    c) mensual
    d) anual

15. El relleno se realiza principalmente en:
    a) la barbilla
    b) las piernas
    c) el cuello
    d) los brazos

16. Los movimientos articulares están restringidos a brazos, manos y:
    a) hombros   c) cuello
    b) pies   d) piernas   _____

17. Para el effleurage, los dedos deben estar:
    a) rectos   c) ligeramente doblados para pellizcar
    b) tocando todo   d) curvados   _____

18. El movimiento de masaje más vigoroso es el/la:
    a) amasado   c) fricción
    b) golpeteo   d) vibración   _____

19. El movimiento de masaje más suave es el/la:
    a) petrissage   c) rellenado
    b) golpeteo   d) effleurage   _____

20. El contorno del cuerpo y los tejidos grasos se pueden reducir por un periodo de tiempo utilizando:
    a) un amasado firme   c) effleurage
    b) golpeteo   d) lámparas terapéuticas   _____

Tratamientos faciales

1. La primera crema o loción que debe utilizarse en un tratamiento facial normal es:
   a) una loción astringente
   b) una crema de masaje
   c) una crema limpiadora
   d) una loción hidrante   _____

2. Cuando se realiza un tratamiento facial, deben aplicarse discos oculares antes de utilizar:
   a) manipulaciones de masaje
   b) una loción astringente
   c) un vaporizador facial
   d) un depilatorio   _____

3. Cuando se cubre para un tratamiento facial, debe colocarse una toalla:
   a) en el respaldo de la silla
   b) alrededor del cuello del cliente
   c) alrededor de los pies del cliente
   d) sobre los hombros del cliente   _____

4. Después de extraer las espinillas, aplique a la piel:
   a) una máscara de barro
   b) una crema de masaje
   c) astringentes
   d) toallas frías   _____

5. Después de un/una _____ no se aplican polvos faciales ni colorete.
   a) tratamiento de vapor
   b) extracción
   c) tratamiento de cera caliente
   d) tratamiento para el acné   _____

6. Los dos tipos básicos de tratamientos faciales son conservante y:
   a) limpiador
   b) hidratante
   c) corrector
   d) acné   _____

7. Después de eliminar la crema de masaje, la cara debe humedecerse con un/una:
   a) toalla tibia o bolita de algodón
   b) tonalizador
   c) enjuagado de agua fría
   d) loción astringente   _____

8. Si necesita limpiar granos con cabeza que estén abiertos, utilice:
   a) un vaporizador facial
   b) guantes
   c) una máscara de algodón
   d) una esponja _____

9. La piel de textura fina no permite:
   a) que la humedad permanezca en la superficie de la piel
   b) que el sebo pase a través de la superficie de la piel
   c) que la humedad penetre en la superficie de la piel
   d) la formación de milia _____

10. El acné es un trastorno de las glándulas sebáceas; por lo tanto, requiere:
    a) tratamientos con alcohol
    b) tratamientos faciales medicinales
    c) atención médica
    d) una máscara o paquete con el tratamiento facial _____

11. Cuando se aplica correctamente, el masaje beneficia a la piel:
    a) eliminando desperdicios
    b) introduciendo la crema en la piel
    c) aumentando la temperatura del cuerpo
    d) estimulándola _____

12. En el caso de piel seca, evite utilizar lociones que contengan un alto porcentaje de:
    a) lanolina
    b) hormonas
    c) alcohol
    d) aceite _____

13. Cuando se recibe un tratamiento facial, un factor importante para el cliente es:
    a) el ángulo de la silla
    b) la relajación
    c) la conversación
    d) la bebida disponible _____

14. Las glándulas sebáceas hiperactivas producen demasiado/a:
    a) aceite
    b) perspiración
    c) humedad
    d) pH _____

15. En los movimientos de masaje facial, la presión debe ejercerse desde _____ del músculo
    a) el origen a la inserción
    b) la inserción al origen
    c) la parte posterior a la inferior
    d) la parte superior a la inferior _____

16. Todos los elementos necesarios para un tratamiento facial deben organizarse:
    a) según su tamaño
    b) antes de que llegue cada cliente
    c) de acuerdo con el precio
    d) por la mañana _____

17. Hay estudios que demuestran que el acné se debe:
    a) al chocolate
    b) a la falta de tratamientos cutáneos
    c) a la comida rápida
    d) a factores hereditarios
    _____

18. Las espinillas se producen por:
    a) suciedad atrapada en poros abiertos
    b) la herencia
    c) una masa endurecida de sebo
    d) factores dietéticos
    _____

19. La milia es un trastorno habitual de la piel que suele producirse en pieles con textura:
    a) gruesa
    b) grasa
    c) fina
    d) suave
    _____

20. Las mascarillas de yogur o suero de leche poseen una acción:
    a) relajante
    b) suavemente astringente
    c) tonificante
    d) hidratante
    _____

21. En un tratamiento facial, la gasa sirve para:
    a) eliminar los paquetes con facilidad
    b) impedir que la mascarilla toque la piel
    c) mantener juntos los ingredientes de la mascarilla
    d) cumplir con las leyes sanitarias
    _____

22. Una mascarilla facial de huevo limpiará los poros y:
    a) lubricará la piel
    b) eliminará las arrugas
    c) relajará la piel
    d) reafirmará la piel
    _____

23. En una mascarilla se puede utilizar _____ para conseguir un efecto hidratante.
    a) fresas
    b) clara de huevo
    c) pepinos
    d) miel
    _____

24. Una mascarilla de bananas deja la piel:
    a) con un residuo graso
    b) con una sensación de frescor
    c) suave y relajada
    d) ligeramente seca
    _____

25. Un cliente no estará contento con un servicio facial si:
    a) no escucha música suave
    b) le habla sobre futuras promociones
    c) ve demasiados productos
    d) el cosmetólogo se queda sin productos
    _____

Maquillaje facial

1. Una cubierta adecuada para maquillaje debe incluir:
   a) un albornoz
   b) una bata de algodón
   c) una hoja o capa
   d) una cinta del pelo o un turbante   _____

2. Probablemente, el maquillaje más importante es el/la:
   a) máscara
   b) base
   c) polvo traslúcido
   d) carmín   _____

3. El polvo facial debe ser:
   a) de tipo compacto
   b) similar al tono de color de la piel
   c) brillante al aplicarlo
   d) eliminado al usar una base   _____

4. El colorete (carmín) que se mezcla bien y es apropiado para todo tipo de pieles es:
   a) líquido
   b) seco
   c) en crema
   d) en polvo   _____

5. En el maquillaje corrector, se usa un matiz más claro para:
   a) minimizar un área facial
   b) ensanchar o alargar una zona
   c) ocultar los defectos
   d) resaltar un área facial   _____

6. Después de depilar las cejas, se aplica una loción astringente para:
   a) relajar la piel
   b) contraer la piel
   c) estirar la piel
   d) estimular la piel   _____

7. El color de base se comprueba mezclándolo con _____ del cliente.
   a) la mandíbula
   b) los párpados
   c) la frente
   d) la muñeca   _____

8. El lápiz de labios debe aplicarse con un pincel de labios, comenzando:
   a) por el centro del labio inferior
   b) en el pico interno del labio superior
   c) en la esquina del labio inferior
   d) en la esquina del labio superior _____

9. El objetivo principal del maquillaje corrector es crear la ilusión óptica de una:
   a) cara ovalada
   b) cara en forma de diamante
   c) cara redonda
   d) cara en forma de corazón _____

10. El polvo facial traslúcido es:
    a) más oscuro que la base
    b) incoloro
    c) más claro que la base
    d) del mismo color que la base _____

11. Antes de aplicar un maquillaje de base:
    a) debe humedecer la piel
    b) debe aplicar un polvo facial
    c) debe limpiar la piel
    d) se selecciona el lápiz de labios _____

12. El perfilador se utiliza para conseguir que:
    a) el color de las pestañas coincida con el de las cejas
    b) las pestañas parezcan más largas
    c) el color natural del iris parezca más oscuro
    d) los ojos parezcan más grandes _____

13. Normalmente, el último cosmético que se aplica es el/la:
    a) rimel
    b) polvo facial
    c) lápiz de labios
    d) colorete _____

14. Las cejas se depilan correctamente:
    a) con un movimiento hacia arriba
    b) en la dirección de su crecimiento natural
    c) después de aplicar la base
    d) antes de cada aplicación de maquillaje _____

15. La aplicación en las cejas de un algodón saturado de agua caliente antes de la depilación:
    a) elimina el enrojecimiento
    b) suaviza y relaja el tejido de las cejas
    c) estira los tejidos
    d) contrae la piel _____

16. En el maquillaje corrector, se usa un matiz más oscuro para:
    a) resaltar un área facial
    b) minimizar un área facial
    c) atraer la mirada
    d) ensanchar una zona facial _____

17. Cuando se utilizan dos matices de base, deben mezclarse para evitar:
    a) demasiado contraste
    b) una reacción alérgica
    c) una línea de demarcación
    d) el uso de polvo facial

    _____

18. Para minimizar los ojos separados y que parezcan más próximos, es mejor:
    a) acortar la línea exterior de las cejas en ambos lados
    b) extender la línea de las cejas hasta dentro de la esquina de los ojos
    c) hacer que la línea de las cejas sea recta
    d) arquear los extremos de las cejas

    _____

19. Al elegir el color de base para una piel clara, seleccione un matiz _____ que el color natural.
    a) más oscuro
    b) más claro
    c) más beige
    d) más rosado

    _____

20. La aplicación de pestañas artificiales implica:
    a) la aplicación de pestañas de tira
    b) la aplicación de pestañas individuales
    c) el teñido de las pestañas
    d) la eliminación de las pestañas artificiales

    _____

21. Las pestañas individuales semipermanentes están fabricadas con:
    a) pelo humano
    b) pelo animal
    c) fibras inorgánicas
    d) fibras sintéticas

    _____

22. Las pestañas individuales semipermanentes duran:
    a) 6-8 semanas
    b) 3–6 meses
    c) 2-3 semanas
    d) 7-14 días

    _____

23. Las pestañas individuales no se mantienen mucho tiempo sobre los párpados inferiores a causa de:
    a) los aceites naturales
    b) la perspiración
    c) posible humedad de las lágrimas
    d) su menor longitud

    _____

24. Un cliente con cara en forma de corazón se puede identificar por:
    a) una frente estrecha
    b) una mandíbula ancha
    c) una mandíbula estrecha
    d) una frente alta

    _____

La piel y sus trastornos

1. El tacto y aspecto de la piel se conoce como:
   a) elasticidad
   b) porosidad
   c) textura
   d) densidad _____

2. La piel sana:
   a) está libre de bacterias no patógenas
   b) está libre de sebo
   c) es ligeramente ácida
   d) es alcalina y firme _____

3. Una indicación de una buena complexión es la textura fina de la piel y:
   a) la carencia de sebo
   b) el color saludable
   c) la capacidad para resistir a los organismos
   d) el grosor de la epidermis _____

4. La piel es más fina en:
   a) las cejas
   b) los párpados
   c) la frente
   d) el dorso de las manos _____

5. La piel es más gruesa en:
   a) las palmas de las manos y las plantas de los pies
   b) el abdomen
   c) las nalgas
   d) los muslos _____

6. Las glándulas sudoríparas regulan:
   a) el flujo de grasa
   b) la temperatura del cuerpo
   c) el exceso de sequedad
   d) la respuesta emocional _____

7. La capa protectora exterior de la piel se denomina:
   a) dermis
   b) adiposa
   c) epidermis
   d) reticular _____

8. En _____ no existen vasos sanguíneos.
   a) la dermis
   b) los párpados
   c) el subcutis
   d) la epidermis
   _____

9. Los vasos sanguíneos, los nervios y las glándulas sudoríparas y sebáceas se encuentran en el/la:
   a) epidermis
   b) dermis
   c) tejido subcutáneo
   d) capa externa
   _____

10. El color de la piel depende de su riego sanguíneo y del pigmento colorante denominado:
    a) queratina
    b) melanina
    c) linfa
    d) tuétano
    _____

11. La capa de la epidermis que se desprende y sustituye continuamente se denomina:
    a) estrato lúcido
    b) estrato córneo
    c) estrato granuloso
    d) estrato mucoso
    _____

12. El estrato córneo también se conoce como:
    a) capa transparente
    b) capa córnea
    c) capa granular
    d) capa basal
    _____

13. La presión y fricción continuada sobre la piel, durante un largo periodo de tiempo, producirá una zona:
    a) viscosa
    b) más delgada
    c) callosa
    d) escamosa
    _____

14. La epidermis contiene muchos/as:
    a) pequeños terminales nerviosos
    b) vasos sanguíneos
    c) tejidos adiposos
    d) glándulas pequeñas
    _____

15. La queratina se encuentra en el:
    a) estrato mucoso
    b) estrato córneo
    c) estrato lúcido
    d) estrato granuloso
    _____

16. La capa más externa de la epidermis es el estrato:
    a) lúcido
    b) granuloso
    c) córneo
    d) germinativo
    _____

17. El estrato germinativo también se conoce como:
    a) capa mucosa
    b) capa basal
    c) capa de melanocitos
    d) piel verdadera
    _____

18. El crecimiento de la epidermis comienza en el estrato:
    a) germinativo
    b) lúcido
    c) córneo
    d) granuloso
    _____

19. La dermis también se conoce como corión, cutis, derma o:
    a) cutícula
    b) piel verdadera
    c) subcutis
    d) corteza
    _____

20. Las capas reticular y papilar se encuentran en el/la:
    a) capa malpigiana
    b) piel verdadera
    c) piel exterior
    d) subcutis
    _____

21. La capa papilar de la dermis contiene capilares curvos y:
    a) tejido adiposo
    b) los músculos arrector pili
    c) tejido subcutáneo
    d) corpúsculos táctiles
    _____

22. La capa reticular contiene:
    a) células granulares
    b) corpúsculos táctiles
    c) melanina
    d) los folículos pilosos
    _____

23. El tejido subcutáneo se compone principalmente de:
    a) tejido muscular
    b) células grasas
    c) queratina
    d) pigmento
    _____

24. Las fibras nerviosas sensoriales de la piel reaccionan ante el/la:
    a) luz
    b) sonido
    c) frío
    d) miedo
    _____

25. La melanina se encuentra en el estrato germinativo y en el/la:
    a) estrato córneo
    b) tejido adiposo
    c) capa papilar
    d) capa reticular
    _____

26. La melanina protege la piel de la acción nociva de:
    a) las bacterias
    b) la presión
    c) los rayos ultravioleta
    d) el calor
    _____

27. La elasticidad de la piel se debe a la presencia de tejido elástico en el/la:
    a) dermis
    b) estrato córneo
    c) estrato lúcido
    d) estrato granuloso _____

28. Las glándulas sebáceas segregan:
    a) espinillas
    b) sal
    c) aceite
    d) la perspiración _____

29. La función del sebo es:
    a) minimizar las callosidades
    b) lubricar la piel
    c) promover el crecimiento de piel nueva
    d) excretan la perspiración _____

30. Las fibras nerviosas motoras:
    a) excretan la perspiración
    b) producen la piel de gallina
    c) reaccionan ante el calor
    d) controlan el flujo de sebo _____

31. El conducto de una glándula sebácea se vacía en el/la:
    a) corriente sanguínea
    b) folículo piloso
    c) poro sudoríparo
    d) fundus _____

32. En _____ no existen glándulas sudoríparas.
    a) las palmas
    b) la cara
    c) la frente
    d) el cuero cabelludo _____

33. Las glándulas sudoríparas segregan:
    a) sebo
    b) perspiración
    c) olor
    d) bacterias _____

34. Las dos partes principales de la piel son:
    a) reticular y papilar
    b) epidermis y dermis
    c) epidermis y piel exterior
    d) adiposa y subcutánea _____

35. Las pequeñas aberturas de las glándulas sudoríparas en la piel se conocen como:
    a) folículos
    b) fundus
    c) poros
    d) conductos _____

36. Las glándulas sudoríparas y sebáceas se conocen como:
    a) glándulas sin conductos
    b) glándulas endocrinas
    c) glándulas con conductos
    d) glándulas sensoriales _____

37. La excreción de la perspiración desde la piel está controlada por el:
    a) sistema muscular
    b) sistema circulatorio
    c) sistema endocrino
    d) sistema nervioso _____

38. La sangre y las glándulas sudoríparas de la piel regulan el calor corporal, manteniendo una temperatura de unos:
    a) 86,9°
    b) 96,8°
    c) 93,5°
    d) 98,6° _____

39. Las palmas de las manos, las plantas de los pies, la frente y las axilas contienen abundantes:
    a) folículos pilosos
    b) glándulas sebáceas
    c) glándulas sudoríparas
    d) poros _____

40. Las terminaciones de las fibras nerviosas en la capa papilar se conocen como:
    a) capilares
    b) papilas
    c) corpúsculos táctiles
    d) vasos linfáticos _____

41. La capacidad de la piel para estirarse y volver a su forma natural revela su:
    a) porosidad
    b) contenido graso
    c) textura
    d) flexibilidad _____

42. El tejido subcutáneo está:
    a) encima de la cutícula
    b) encima de la epidermis
    c) debajo de la dermis
    d) debajo de la capa adiposa _____

43. Las fibras nerviosas motoras se distribuyen hasta los/las:
    a) glándulas sudoríparas
    b) glándulas sebáceas
    c) capilares
    d) músculos arrector pili _____

44. Los apéndices de la piel son pelo, uñas y:
    a) folículos pilosos
    b) glándulas sudoríparas y sebáceas
    c) músculos arrector pili
    d) sebo _____

45. La piel se nutre por el/la:
    a) sebo
    b) sangre y la linfa
    c) melanina
    d) queratina _____

46. El estudio de la estructura, funciones y trastornos de la piel se conoce como:
    a) tricología
    b) etiología
    c) patología
    d) dermatología
    _____

47. El estudio de las causas de las enfermedades se conoce como:
    a) dermatología
    b) patología
    c) etiología
    d) tricología
    _____

48. La patología estudia:
    a) la piel
    b) el pelo
    c) las enfermedades
    d) la causa de las enfermedades
    _____

49. La predicción del curso probable de una enfermedad se conoce como:
    a) diagnosis
    b) prognosis
    c) reconocimiento
    d) análisis
    _____

50. Si un cliente padece una enfermedad cutánea, el cosmetólogo debe:
    a) prescribir un tratamiento
    b) ponerse guantes
    c) remitir el cliente a un médico
    d) sugerir autotratamientos
    _____

51. El picor es un ejemplo de:
    a) síntoma subjetivo
    b) síntoma objetivo
    c) trastorno primario
    d) trastorno secundario
    _____

52. Una pápula es un/una:
    a) lesión secundaria de la piel
    b) lesión primaria de la piel
    c) síntoma subjetivo
    d) síntoma objetivo
    _____

53. Suele aparecer pus en:
    a) vesículas
    b) leucoderma
    c) máculas
    d) pústulas
    _____

54. Otro nombre de vesícula es:
    a) cicatriz
    b) abrasión
    c) bolsa
    d) costra
    _____

55. Una lesión de piel que aparece en labios y manos agrietadas es un/una:
    a) fisura
    b) pápula
    c) mancha
    d) tumor
    _____

56. Después de que se cure una herida, puede desarrollarse un/una:
    a) vesícula
    b) cicatriz
    c) carbunclo
    d) forúnculo _____

57. Una masa de células anormales se conoce como:
    a) pápula
    b) mácula
    c) tumor
    d) pústula _____

58. Una enfermedad que dura mucho tiempo se describe como:
    a) crónica
    b) aguda
    c) sistémica
    d) laboral _____

59. Una enfermedad que dura poco tiempo se describe como:
    a) aguda
    b) crónica
    c) congénita
    d) laboral _____

60. Un ejemplo de enfermedad estacional es el/la:
    a) dermatitis
    b) viruela
    c) tiña
    d) eccema _____

61. Una enfermedad que se propaga por medio del contacto personal se conoce como:
    a) enfermedad congénita
    b) enfermedad sistémica
    c) enfermedad contagiosa
    d) enfermedad laboral _____

62. Una enfermedad que ataca a gran número de personas en una ubicación determinada se conoce como:
    a) enfermedad infecciosa
    b) enfermedad aguda
    c) epidémica
    d) alergia _____

63. Comedón es el nombre técnico de una:
    a) espinilla blanca
    b) mácula
    c) espinilla
    d) nevus _____

64. Milia es el nombre técnico de los/las:
    a) espinillas blanca
    b) espinillas
    c) granos
    d) nevus _____

65. El acné, o los granos comunes, se conocen como acné simple o acné:
    a) rosácea
    b) comedón
    c) vulgar
    d) singular _____

66. Uno de los síntomas de la asteatosis es:
    a) la piel grasa
    b) una bolsa transparente
    c) la piel seca
    d) una ampolla febril _____

67. En la seborrea, el aspecto de la piel es:
    a) seco y opaco
    b) suave y sonrosado
    c) graso y brillante
    d) rojizo y lleno de erupciones _____

68. El acné se manifiesta en la cara por la presencia de:
    a) esteatomas
    b) granos
    c) carbunclos
    d) escamas secas _____

69. Un esteatoma puede aparecer en:
    a) la cara
    b) los brazos
    c) las piernas
    d) el cuero cabelludo _____

70. *Bromidrosis* significa:
    a) carencia de perspiración
    b) perspiración de olor desagradable
    c) carencia de sebo
    d) exceso de sebo _____

71. El exceso de perspiración se conoce como:
    a) anhidrosis
    b) osmidrosis
    c) hiperhidrosis
    d) bromidrosis _____

72. *Anhidrosis* significa:
    a) carencia de perspiración
    b) exceso de perspiración
    c) perspiración de olor desagradable
    d) perspiración normal _____

73. Las personas expuestas a un calor excesivo pueden desarrollar un estado conocido como:
    a) anhidrosis
    b) miliaria rubra
    c) bromidrosis
    d) eccema _____

74. Habitualmente, la lentiginosis se conoce como:
    a) marcas de nacimiento
    b) pecas
    c) verrugas
    d) callosidades _____

75. La hiperhidrosis aparece con más frecuencia en la zona de los/las:
    a) codos
    b) axilas
    c) tobillos
    d) muñecas _____

76. La cirugía de los párpados se denomina:
    a) ritidectomía
    b) blefaroplastia
    c) rinoplastia
    d) mentoplastia
    _____

77. Ciertos productos químicos que se encuentran en los cosméticos pueden provocar:
    a) dermatitis simple
    b) dermatitis venenata
    c) laboral simple
    d) venenata simple
    _____

78. Los parches de escamas blancas y secas en el cuero cabelludo o en la piel pueden indicar la presencia de:
    a) soriasis
    b) eccema
    c) dermatitis
    d) seborrea
    _____

79. El herpes simple suele producirse alrededor del/de la:
    a) cuero cabelludo
    b) oídos
    c) frente
    d) labios
    _____

80. Una congestión inflamatoria crónica de las mejillas y la nariz, caracterizada por el enrojecimiento y dilatación de los vasos sanguíneos, se denomina:
    a) milia
    b) asteatosis
    c) seborrea
    d) rosácea
    _____

81. Los puntos del hígado se conocen como:
    a) nevus
    b) leucoderma
    c) cloasma
    d) plasma
    _____

82. Una mancha de nacimiento se conoce como:
    a) albinismo
    b) nevus
    c) leucoderma
    d) cloasma
    _____

83. Los parches blancos anormales de la piel se denominan:
    a) cloasma
    b) albinismo
    c) leucoderma
    d) rosácea
    _____

84. La *miliaria rubra* se conoce normalmente como:
    a) olor corporal
    b) sarpullido
    c) dermatitis
    d) acné simple
    _____

85. La fricción continuada de las manos y los pies puede provocar la formación de un/una:
   a) nevus
   b) tumor
   c) queratoma
   d) verrugas
   _____

86. El nombre técnico para *verruga* es:
   a) queratoma
   b) pápula
   c) verruca
   d) nevus
   _____

87. *Queratoma* es el nombre técnico de un/una:
   a) callo
   b) verruga
   c) tumor
   d) marca de nacimiento
   _____

88. La técnica utilizada para suavizar la piel con cicatrices, lijándolas, se conoce como:
   a) peeling químico
   b) rinoplastia
   c) blefaroplastia
   d) dermabrasión
   _____

89. Un cambio estructural de los tejidos cutáneos, provocado por heridas o enfermedades se conoce como:
   a) fisura
   b) lesión
   c) infección
   d) roncha
   _____

90. El cáncer fatal de piel que comienza con un lunar se conoce como:
   a) tumor melanótico
   b) queratoma
   c) sarcoma melanótico
   d) vitíligo
   _____

Eliminación del pelo no deseado

1. El método utilizado para la eliminación permanente del pelo se conoce como:
   - a) depilación
   - b) afeitado
   - c) depilatorio
   - d) electrólisis _____

2. El crecimiento excesivo del cabello se denomina:
   - a) canosidad
   - b) moniletrix
   - c) hipertricosis
   - d) tricoptilosis _____

3. Las causas conocidas del cabello superfluo son desequilibrios hormonales, medicamentos y:
   - a) la herencia
   - b) el alcohol
   - c) la raza
   - d) la dieta _____

4. El método de electrólisis por onda corta se realiza:
   - a) con una aguja triple
   - b) con una aguja simple
   - c) con una aguja doble
   - d) sin agujas _____

5. El método galvánico descompone el/la _____ del pelo.
   - a) papila
   - b) folículo
   - c) raíz
   - d) tallo _____

6. Una zona que *nunca* debe recibir un tratamiento de electrólisis es:
   - a) la barbilla
   - b) la parte interna de la nariz
   - c) la parte superior del brazo
   - d) las piernas _____

7. La aguja debe insertarse en el folículo piloso:
   - a) en el ángulo opuesto al de crecimiento del pelo
   - b) directamente hacia abajo
   - c) en el ángulo de crecimiento del pelo
   - d) con un ángulo de 45 grados _____

8. La mayoría de los depilatorios:
   a) se utilizan con máquinas
   b) tienen un pH alcalino
   c) destruyen la papila
   d) no deben usarse en pieles grasas _____

9. La cera puede provocar que el pelo crezca con más fuerza, porque:
   a) alarga su raíz
   b) aumenta el riego sanguíneo del folículo piloso
   c) hincha su tallo
   d) agranda el folículo piloso _____

10. Generalmente, un depilatorio químico se usa en:
    a) las cejas
    b) debajo de los brazos
    c) el labio superior
    d) en las piernas _____

11. Después de retirar un depilatorio de cera, aplique una crema emoliente o un/una:
    a) polvo de talco
    b) crema de masaje
    c) aceite mineral
    d) loción antiséptica _____

12. El pelo afeitado parece más grueso porque:
    a) la piel se contrae
    b) el folículo encoje
    c) sus puntas son rectas
    d) su raíz aumenta _____

13. La cera fría se elimina de la zona de tratamiento con:
    a) tenazas
    b) disolvente
    c) paño de algodón
    d) guantes _____

14. En los clientes que no toleren la cera caliente, se puede eliminar temporalmente el pelo superfluo con:
    a) cera fría
    b) electrólisis
    c) termólisis
    d) epilación por onda corta _____

15. Nunca debe aplicarse cera sobre verrugas, lunares, crecimientos o abrasiones, porque puede producir:
    a) alergia
    b) pelos internos
    c) irritación
    d) tumores _____

16. La temperatura de la cera caliente se comprueba en:
    a) la muñeca del cliente
    b) la punta del dedo
    c) papel encerado
    d) el brazo _____

17. Durante una prueba de piel, el depilatorio debe permanecer sobre
    la piel:
    a) 2-5 minutos   c) 1-3 minutos
    b) 4-6 minutos   d) 7-10 minutos   _____

18. La técnica más crítica en la electrólisis es el/la:
    a) manipulación de las tenazas   c) uso del pedal
    b) inserción   d) extracción   _____

19. Después de un tratamiento de cera, se retira el paño de algodón:
    a) en la dirección de crecimiento c) en la dirección opuesta al
       del pelo   crecimiento del pelo
    b) con las tenazas   d) lentamente   _____

20. Si se elimina vello con cera caliente, la piel puede:
    a) perder su suavidad   c) perder su elasticidad
    b) producir más folículos   d) producir pelo más grueso   _____

116

Células, anatomía y fisiología

1. El protoplasma está rodeado por el/la:
   a) centrosoma   c) nucléolo
   b) membrana celular   d) núcleo   _____

2. El recubrimiento protector de la membrana mucosa se conoce como:
   a) tejido epitelial   c) tejido líquido
   b) tejido muscular   d) tejido conectivo   _____

3. Las materias alimenticias para el crecimiento y autoreparación de la célula se encuentran en el/la:
   a) núcleo   c) citoplasma
   b) matriz celular   d) centrosoma   _____

4. El núcleo de la célula controla:
   a) el crecimiento   c) las secreciones
   b) la autoreparación   d) la reproducción   _____

5. El mantenimiento de la estabilidad interna normal de un organismo se conoce como:
   a) homeóstasis   c) metabolismo
   b) mitosis   d) anabolismo   _____

6. El metabolismo consta de dos fases, anabolismo y:
   a) mitosis   c) amitosis
   b) homeóstasis   d) catabolismo   _____

7. Las células del cuerpo crecen y se reproducen durante el/la:
   a) anabolismo   c) mitosis
   b) catabolismo   d) amitosis   _____

8. La energía necesaria para el esfuerzo muscular se libera durante el/la:
   a) mitosis   c) anabolismo
   b) amitosis   d) catabolismo   _____

9. Un tejido es un grupo de _____ similares.
   a) hormonas   c) conexiones
   b) músculos   d) células   _____

10. El corazón, los pulmones, los riñones, el estómago y los intestinos son
    _____ del cuerpo.
    a) sistemas   c) órganos
    b) tejidos   d) funciones   _____

11. Los grupos de órganos que desarrollan una actividad vital del cuerpo
    se llaman:
    a) tejidos   c) músculos
    b) sistemas   d) glándulas   _____

12. El sistema integumentario incluye:
    a) la estructura física del cuerpo   c) la capa protectora del cuerpo
    b) el soporte del esqueleto   d) los movimientos del cuerpo   _____

13. El sistema esquelético es importante, porque:
    a) cubre y da forma al cuerpo   c) es la base física del cuerpo
    b) suministra sangre al cuerpo   d) transporta los mensajes
                                              nerviosos   _____

14. Los huesos se componen principalmente de carbonato cálcico, fosfato
    cálcico y:
    a) 2/3 de materia mineral   c) 2/3 de materia animal
    b) 1/3 de materia animal   d) 1/3 de materia mineral   _____

15. Una de las funciones de los huesos es:
    a) añadir peso al cuerpo   c) dar forma y soporte al cuerpo
    b) proteger los músculos   d) acoger las terminaciones
                                              nerviosas   _____

16. El estudio científico de los huesos, su estructura y sus funciones, se
    denomina:
    a) osteología   c) miología
    b) tricología   d) biología   _____

118

17. La parte de la calavera que protege el cerebro se llama:
    a) mandíbula   c) maxilar
    b) cráneo   d) mastoide   _____

18. Una importante función de los huesos es:
    a) estimular la circulación sanguínea c) estimular los músculos
    b) proteger los órganos   d) crear calcio   _____

19. La cintura escapular se compone de una clavícula y:
    a) una escápula   c) una ulna
    b) un húmero   d) las costillas   _____

20. Los huesos del cráneo que no son afectados por el masaje son el esfenoides y el:
    a) occipital   c) temporal
    b) etmoides   d) frontal   _____

21. Los pequeños huesos frágiles situados en la parte frontal de la pared interna de las cavidades oculares son los:
    a) huesos nasales   c) huesos lacrimales
    b) huesos zigomáticos   d) huesos maxilares _____

22. El hueso más grande y fuerte de la cara es el/la:
    a) lacrimal   c) mandíbula
    b) maxilar   d) zigomático   _____

23. El punto de unión de dos o más huesos se denomina:
    a) ligamento   c) vértebra
    b) hueco   d) articulación   _____

24. El nombre técnico para el hueso es:
    a) os   c) osteología
    b) ortopédico   d) integumentario   _____

25. El hueso occipital forma la parte posterior y la base del/de la:
    a) cuello   c) barbilla
    b) cráneo   d) frente   _____

26. Los huesos parietales forman la parte superior y los laterales del/de la:
    a) cara   c) mejilla
    b) cráneo   d) cuello   _____

27. El hueso frontal forma la:
   a) mandíbula superior
   b) mandíbula inferior
   c) frente
   d) mejilla
   _____

28. Los huesos temporales forman:
   a) la frente
   b) la mandíbula inferior
   c) las cavidades oculares
   d) los laterales de la cabeza
   _____

29. El hueso etmoides está situado:
   a) en la sien
   b) en la parte lateral del cráneo
   c) entre las cavidades oculares
   d) en la parte superior del cráneo
   _____

30. Los huesos nasales forman:
   a) la punta de la nariz
   b) la parte posterior de la nariz
   c) el puente de la nariz
   d) las paredes internas de la nariz
   _____

31. Los huesos zigomáticos o malares forman:
   a) las paredes externas de la nariz
   b) las mejillas
   c) la boca
   d) el hueso en forma de U de la garganta
   _____

32. Los huesos maxilares forman la:
   a) mandíbula inferior
   b) mandíbula superior
   c) cavidad ocular
   d) frente
   _____

33. El hueso denominado mandíbula forma la:
   a) mandíbula inferior
   b) mandíbula superior
   c) mejilla
   d) nariz
   _____

34. Las vértebras cervicales forman el/la:
   a) parte superior de la columna vertebral
   b) la estructura protectora del pecho
   c) el hueso en forma de U de la garganta
   d) esternón
   _____

35. El hueso esfenoides pone en contacto todos los huesos:
   a) de la nariz
   b) del cráneo
   c) del oído
   d) del cuello
   _____

36. Una de las funciones del sistema muscular es:
    a) hacer circular la sangre
    b) nutrir el cuerpo
    c) producir los movimientos del cuerpo
    d) producir tuétano
    _____

37. La unión más fija de un músculo se denomina:
    a) origen
    b) inserción
    c) vientre
    d) ligamento
    _____

38. La unión más móvil de un músculo se denomina:
    a) origen
    b) inserción
    c) ligamento
    d) vientre
    _____

39. Los músculos controlados por la voluntad se denominan:
    a) músculos involuntarios
    b) músculos voluntarios
    c) músculos reflejos
    d) músculos no estriados
    _____

40. El estudio de la estructura, funciones y trastornos de los músculos se conoce como:
    a) cardiología
    b) neurología
    c) miología
    d) osteología
    _____

41. En un masaje, la presión sobre los músculos se dirige normalmente desde:
    a) la inserción al origen
    b) el origen a la inserción
    c) el ligamento a la inserción
    d) la unión fija a la móvil
    _____

42. Para sus actividades, el sistema muscular depende del sistema esquelético y del:
    a) sistema linfático
    b) sistema digestivo
    c) sistema nervioso
    d) sistema circulatorio
    _____

43. Los músculos cubren, dan forma y soportan el:
    a) sistema esquelético
    b) sistema nervioso
    c) sistema integumentario
    d) sistema digestivo
    _____

44. El músculo epicráneo cubre el/la:
    a) lateral de la cabeza
    b) la parte superior de la calavera
    c) la parte inferior de la calavera
    d) pómulo
    _____

45. El músculo orbicular ocular rodea el margen de la:
   a) boca
   b) nariz
   c) cavidad ocular
   d) cabeza
   _____

46. El corrugador se extiende a lo largo de la:
   a) parte lateral de la nariz
   b) línea de la ceja
   c) parte frontal de la oreja
   d) parte lateral de la mejilla
   _____

47. El músculo procero se encuentra en el/la:
   a) nariz
   b) ojo
   c) oreja
   d) boca
   _____

48. La parte posterior del músculo epicráneo es el/la:
   a) aponeurosis
   b) occipital
   c) frontal
   d) corrugador
   _____

49. El cuadrado del labio superior es el músculo que eleva el/la:
   a) oreja
   b) ojo
   c) labio superior
   d) labio inferior
   _____

50. El cuadrado del labio inferior es el músculo que eleva el/la:
   a) labio superior
   b) párpado
   c) ceja
   d) labio inferior
   _____

51. El orbicular bucal:
   a) es responsable de gruñir
   b) permite fruncir los labios
   c) comprime las mejillas para soplar
   d) eleva los orificios de la nariz
   _____

52. El mental es un músculo situado en el/la:
   a) labio superior
   b) párpado
   c) mandíbula
   d) barbilla
   _____

53. El músculo que gira los omóplatos y controla el movimiento basculante del brazo se llama:
   a) serrato anterior
   b) deltoides
   c) trapecio
   d) extensor
   _____

54. El músculo esternocleidomastoideo:
    a) abre los orificios de la nariz
    b) cierra los labios
    c) baja la mandíbula inferior
    d) gira la cabeza
    _____

55. El músculo responsable del giro de la mano hacia fuera y de la palma hacia arriba es el:
    a) pronador
    b) flexor
    c) supinador
    d) extensor
    _____

56. El sistema nervioso controla y coordina todos/as los/las _____ del cuerpo.
    a) estructuras
    b) funciones
    c) enfermedades
    d) sistemas
    _____

57. El sistema nervioso central se compone de cerebro y:
    a) médula espinal
    b) nervios simpáticos
    c) corazón
    d) nervios parasimpáticos
    _____

58. Una neurona es un/una:
    a) axón
    b) célula nerviosa
    c) terminación del axón
    d) dendrita
    _____

59. Las sensaciones de tacto, frío, calor, vista y oído son enviadas al cerebro por los:
    a) reflejos
    b) nervios aferentes
    c) nervios motores
    d) nervios eferentes
    _____

60. Los nervios motores transportan los impulsos nerviosos desde:
    a) los órganos de los sentidos hasta el cerebro
    b) el cerebro hasta los músculos
    c) los músculos hasta el cerebro
    d) la piel hasta el cerebro
    _____

61. Las partes principales del sistema nervioso son el sistema autónomo, el sistema periférico y el:
    a) sistema simpático
    b) sistema parasimpático
    c) médula espinal
    d) sistema cerebroespinal
    _____

62. Los músculos del cuello y de la espalda se ven afectados por el:
    a) quinto nervio
    b) séptimo nervio
    c) undécimo nervio
    d) decimo tercer nervio
    _____

63. El trigémino es el nervio sensorial principal del/de la:
    a) brazo
    b) cara
    c) pecho
    d) hombro
    _____

64. La piel de la frente y de las cejas está afectada por el:
    a) nervio supraorbital
    b) nervio infraorbital
    c) nervio suprapatético
    d) nervio infrapatético
    _____

65. La piel del labio inferior y de la barbilla está afectada por el:
    a) nervio infraorbital
    b) nervio supraorbital
    c) nervio mental
    d) nervio auriculotemporal
    _____

66. La piel del labio superior y de los laterales de la nariz está afectada por el:
    a) nervio infraorbital
    b) nervio supraorbital
    c) nervio zigomático
    d) nervio auriculotemporal
    _____

67. El séptimo nervio craneal también se conoce como:
    a) nervio facial
    b) nervio trifacial
    c) nervio trigémino
    d) nervio cervical
    _____

68. El séptimo nervio craneal es el nervio motor principal del/de la:
    a) brazo
    b) pecho
    c) cara
    d) hombro
    _____

69. El nervio motor zigomático afecta a los músculos de la parte superior del/de la:
    a) boca
    b) mejilla
    c) barbilla
    d) nariz
    _____

70. El nervio temporal afecta a los músculos de la frente, la sien y el/la:
    a) nariz
    b) labio superior
    c) oreja
    d) ceja
    _____

71. La mayoría de los músculos de la boca están afectados por el:
    a) nervio mandibular
    b) nervio zigomático
    c) nervio bucal
    d) nervio cervical
    _____

72. El sistema vascular sanguíneo se compone del corazón, arterias, venas y:
    a) nódulos linfáticos
    b) tejido adiposo
    c) glándulas con conductos
    d) capilares
    _____

73. Las cámaras superiores del corazón se denominan:
   a) ventrículos
   b) aurículas
   c) válvulas
   d) pericardios

74. Las cámaras inferiores del corazón se denominan:
   a) ventrículos
   b) venas cavas
   c) válvulas
   d) aurículas

75. Los vasos que transportan la sangre desde el corazón se denominan:
   a) venas
   b) capilares
   c) arterias
   d) válvulas

76. Los vasos que transportan la sangre hacia el corazón se denominan:
   a) venas
   b) capilares
   c) arterias
   d) aortas

77. La parte fluida de la sangre se denomina:
   a) plasma
   b) glóbulos
   c) plaquetas
   d) trombocitos

78. Las células sanguíneas que transportan oxígeno para las demás células se llaman:
   a) glóbulos blancos
   b) plaquetas
   c) glóbulos rojos
   d) hemoglobina

79. Las células sanguíneas que luchan contra las bacterias nocivas se denominan:
   a) plaquetas
   b) leucocitos
   c) glóbulos rojos
   d) lácteos

80. Los nódulos linfáticos sirven para:
   a) equilibrar la temperatura corporal
   b) regular la secreción de sebo
   c) eliminar las toxinas del plasma
   d) eliminar las toxinas de la linfa

81. La arteria carótida común se encuentra al lado del/de la:
   a) cabeza
   b) cara
   c) cuello
   d) boca

82. La sangre llega a la nariz a través de la:
   a) arteria angular
   b) arteria labial inferior
   c) arteria labial superior
   d) arteria submental

83. La sangre llega a la región inferior de la cara a través de la:
   a) arteria occipital
   b) arteria maxilar externa
   c) arteria posterior
   d) arteria frontal
   _____

84. La arteria parietal suministra sangre a:
   a) la frente
   b) la parte posterior de la cabeza
   c) la coronilla y los laterales de la cabeza
   d) las sienes
   _____

85. La arteria labial inferior suministra sangre al/a la:
   a) labio inferior
   b) labio superior
   c) nariz
   d) mejilla
   _____

86. La arteria submental suministra sangre al/a la:
   a) barbilla
   b) labio superior
   c) nariz
   d) oreja
   _____

87. La sangre llega al cerebro, cavidades oculares, párpados y frente a través de la:
   a) arteria occipital
   b) arteria supraorbital
   c) arteria infraorbital
   d) arteria auricular posterior
   _____

88. La arteria occipital suministra sangre a la región de:
   a) la parte posterior de la cabeza
   b) la boca y la nariz
   c) la parte frontal de la cabeza
   d) las mejillas
   _____

89. La palma de la mano contiene:
   a) 8 huesos carpianos
   b) 5 huesos metacarpianos
   c) 10 falanges
   d) 6 huesos dorsales
   _____

90. El cúbito es un hueso largo del/de la:
   a) muñeca
   b) mano
   c) parte superior del brazo
   d) antebrazo
   _____

91. Los huesos de la muñeca se llaman:
   a) huesos carpianos
   b) huesos metacarpianos
   c) huesos digitales
   d) huesos radiales
   _____

92. El hueso más largo y grande del brazo es el/la:
   a) cúbito
   b) radio
   c) húmero
   d) clavícula
   _____

93. La función de los músculos extensores es:
    a) enderezar las manos y los dedos   c) cerrar las manos y los dedos
    b) girar la muñeca   d) separar los dedos   _____

94. La función de los músculos flexores es:
    a) abrir las manos y los dedos   c) girar las manos y los dedos
    b) doblar las muñecas   d) cerrar los dedos   _____

95. Los dedos de la mano se separan por medio de los:
    a) músculos abductores   c) músculos flexores
    b) músculos aductores   d) músculos extensores   _____

96. El nervio ulnar afecta:
    a) al lado del brazo que   c) al dorso de la mano
       corresponde con el
       dedo pulgar
    b) al lado del brazo que   d) a la parte superior de los
       corresponde con el   dedos
       dedo meñique
                                                                       _____

97. El nervio radial afecta:
    a) al lado del brazo que   c) al lado del brazo que
       corresponde con el   corresponde con el dedo
       dedo meñique   pulgar
    b) a la palma de la mano   d) al dorso de la mano   _____

98. Los nervios digitales afectan:
    a) a la parte superior del brazo   c) al dorso de la muñeca
    b) al antebrazo   d) a los dedos   _____

99. El hígado:
    a) excreta la orina   c) descarga la bilis
    b) expele dióxido de carbono   d) evacúa los alimentos
                                               descompuestos   _____

100. La respiración nasal es más sana que la bucal, porque:
     a) en la saliva pueden vivir   c) se puede irritar la garganta
        más gérmenes
     b) las bacterias quedan atrapadas   d) las bacterias pueden infectar
        en las membranas mucosas   la garganta   _____

Electricidad y fototerapia

1. La electricidad produce efectos químicos, magnéticos y:
   - a) de impulso
   - b) rápidos
   - c) bactericidas
   - d) caloríficos
   _____

2. Una sustancia que transmite fácilmente la electricidad es un:
   - a) conductor
   - b) no conductor
   - c) aislante
   - d) convertidor
   _____

3. La corriente Tesla se denomina comunmente:
   - a) rayo ultravioleta
   - b) rayo violeta
   - c) corriente de baja frecuencia
   - d) rayo infrarrojo
   _____

4. La goma y la seda son:
   - a) conductores
   - b) aislantes
   - c) electrodos
   - d) convertidores
   _____

5. Un metal, como el cable de cobre, es un:
   - a) no conductor
   - b) conductor
   - c) aislante
   - d) convertidor
   _____

6. Una corriente eléctrica constante circulando en una única dirección se denomina:
   - a) corriente alterna
   - b) corriente continua
   - c) corriente farádica
   - d) corriente estacionaria
   _____

7. La corriente continua y constante utilizada para producir efectos químicos en los tejidos y fluidos del cuerpo se denomina:
   - a) corriente farádica
   - b) corriente sinusoidal
   - c) corriente Tesla
   - d) corriente galvánica
   _____

8. El aparato que conduce la corriente eléctrica hasta la piel del cliente se llama:
   a) modalidad
   b) aislante
   c) electrodo
   d) placa de pared
   _____

9. La corriente alterna e interrumpida que se utiliza principalmente para provocar contracciones musculares es la:
   a) corriente farádica
   b) corriente de alta frecuencia
   c) corriente Tesla
   d) corriente galvánica
   _____

10. La unidad de presión eléctrica se llama:
    a) amperio
    b) voltio
    c) ohmio
    d) vatio
    _____

11. El amperio es una unidad de _____ eléctrica.
    a) utilización
    b) resistencia
    c) tensión
    d) potencia
    _____

12. El ohmio es una unidad de _____ eléctrica.
    a) potencia
    b) utilización
    c) resistencia
    d) tensión
    _____

13. La milésima parte (1/1.000) de un amperio se denomina:
    a) voltio
    b) kilovatio
    c) vatio
    d) miliamperio
    _____

14. La corriente de alta frecuencia más utilizada en los salones de belleza es la:
    a) galvánica
    b) farádica
    c) Tesla
    d) sinusoidal
    _____

15. Una sustancia que se opone al paso de la corriente eléctrica se denomina:
    a) aislante
    b) conductor
    c) convertidor
    d) rectificador
    _____

16. La corriente eléctrica utilizada para producir efectos caloríficos es la:
    a) galvánica
    b) farádica
    c) de alta frecuencia
    d) sinusoidal
    _____

17. Un electrodo de cristal que produce destellos funciona con:
    a) corriente galvánica
    b) corriente farádica
    c) corriente sinusoidal
    d) corriente de alta frecuencia
    _____

18. Para conseguir un efecto estimulante, el electrodo de alta frecuencia:
    a) se separa ligeramente de la piel
    b) se envuelve en un algodón humedecido con un astringente
    c) se mantiene en contacto con la piel
    d) se envuelve en un algodón humedecido con agua _____

19. El vibrador es un dispositivo eléctrico que:
    a) reduce la circulación sanguínea
    b) relaja la zona a tratar
    c) estimula la zona a tratar
    d) reafirma la zona a tratar _____

20. Los vaporizadores faciales y de cuero cabelludo se pueden utilizar para:
    a) reducir la circulación sanguínea
    b) aumentar la perspiración
    c) tratar la tiña
    d) contraer el tejido cutáneo _____

21. El tratamiento con rayos luminosos se denomina:
    a) terapia calorífica
    b) tratamiento infrarrojo
    c) electroterapia
    d) tratamiento ultravioleta _____

22. Cerca del 80% de la luz solar corresponde a los:
    a) rayos ultravioleta
    b) rayos actínicos
    c) rayos de luz visible
    d) rayos infrarrojos _____

23. Los rayos de luz más cortos y menos penetrantes del espectro son los:
    a) rayos infrarrojos
    b) rayos ultravioleta
    c) rayos de baja frecuencia
    d) rayos blancos _____

24. Los rayos de luz del espectro que pueden producir más calor son los:
    a) rayos ultravioleta
    b) rayos actínicos
    c) rayos de luz azul
    d) rayos infrarrojos _____

25. La resistencia a las enfermedades puede incrementarse por medio de una exposición limitada a:
    a) rayos de luz roja
    b) rayos infrarrojos
    c) rayos de luz blanca
    d) rayos ultravioleta _____

26. La piel puede broncearse si se expone a:
    a) luz dermatológica blanca
    b) luz dermatológica roja
    c) rayos infrarrojos
    d) rayos ultravioleta _____

27. Los rayos _____ destruyen los pigmentos del cabello.
    a) infrarrojos
    b) ultravioleta
    c) blancos
    d) visibles
    _____

28. Para obtener todo el beneficio de los rayos ultravioleta, la zona tratada debe estar:
    a) cubierta con una pantalla solar
    b) mojada
    c) humedecida
    d) desnuda
    _____

29. La combinación de la luz es la:
    a) luz azul
    b) luz blanca
    c) luz ultravioleta
    d) luz roja
    _____

30. La distancia media que debe existir entre una lámpara infrarroja y la piel es de:
    a) 61 cm
    b) 25,5 cm
    c) 46 cm
    d) 76 cm
    _____

Química

1. La química orgánica es el estudio de todas las sustancias que contienen:
   a) carbono
   b) hidrógeno
   c) organismos
   d) agua
   _____

2. La hierba, la gasolina y los antibióticos son ejemplos de:
   a) sustancias inorgánicas
   b) sustancias orgánicas
   c) materia sólida
   d) materia líquida
   _____

3. Materia es todo lo que:
   a) es sólido o líquido
   b) es soluble en agua
   c) contiene carbono
   d) ocupa espacio
   _____

4. Los objetos con forma definida son ejemplos de:
   a) sólidos
   b) elementos
   c) gases
   d) bases
   _____

5. La partícula más pequeña de un elemento es el/la:
   a) átomo
   b) núcleo
   c) molécula
   d) electrón
   _____

6. La forma más simple de materia que no puede descomponerse por medios químicos es un/una:
   a) elemento
   b) óxido
   c) gas
   d) emulsión
   _____

7. Cuando se unen dos átomos iguales, el resultado es un/una:
   a) compuesto
   b) mezcla
   c) elemento
   d) suspensión
   _____

8. Cuando se combinan químicamente dos o más elementos en proporciones definidas, se forma un/una:
   a) mezcla
   b) compuesto
   c) suspensión
   d) solución _____

9. El peróxido de hidrógeno es un ejemplo de:
   a) sal
   b) ácido
   c) álcali
   d) óxido _____

10. Cuando se sustituye el hidrógeno de un ácido con un metal, el resultado es un/una:
    a) álcali
    b) mezcla
    c) sal
    d) óxido _____

11. El cloruro sódico es un ejemplo de:
    a) óxido
    b) álcali
    c) sal
    d) ácido _____

12. Una alteración de las propiedades de una sustancia sin la formación de sustancias nuevas es un/una:
    a) solución
    b) cambio físico
    c) compuesto
    d) cambio químico _____

13. El elemento más abundante de la tierra es el:
    a) oxígeno
    b) hidrógeno
    c) nitrógeno
    d) amoníaco _____

14. El segundo elemento más abundante es el:
    a) peróxido
    b) oxígeno
    c) nitrógeno
    d) hidrógeno _____

15. El agua pura con pH de 7 se considera:
    a) neutra
    b) ácida
    c) alcalina
    d) suave _____

16. El agua se compone de:
    a) 2 volúmenes de hidrógeno y 1 de oxígeno
    b) 2 volúmenes de hidrógeno y 2 de oxígeno
    c) 1 volumen de hidrógeno y 2 de oxígeno
    d) 1 volumen de hidrógeno y 1 de oxígeno _____

17. La eliminación de las impurezas del agua haciéndola pasar por una sustancia porosa se denomina:
    a) destilación
    b) neutralización
    c) filtración
    d) oxidación
    _____

18. Cuando el hielo se funde y se convierte en agua, se trata de un/una:
    a) cambio químico
    b) cambio físico
    c) proceso sintético
    d) reacción química
    _____

19. La capacidad de una sustancia para resistirse al rayado se conoce como:
    a) color
    b) dureza
    c) densidad
    d) gravedad específica
    _____

20. Encender una cerilla o quemar madera son ejemplos de:
    a) oxidación lenta
    b) fototerapia
    c) reducción
    d) combustión rápida
    _____

21. El pH del cabello es de:
    a) 2,5–3,5
    b) 3,5–4,5
    c) 4,5–5,5
    d) 7,0–8,5
    _____

22. Los champús anticaspa pueden pertenecer a la categoría de:
    a) champús anfóteros
    b) champús catiónicos
    c) champús aniónicos
    d) champús no iónicos
    _____

23. Los champús para niños suelen clasificarse como:
    a) anfóteros
    b) catiónicos
    c) aniónicos
    d) no iónicos
    _____

24. El extremo hidrofílico de una molécula de champú es atraído por el:
    a) aceite
    b) cabello
    c) agua
    d) acondicionador
    _____

25. La mayoría de los acondicionadores tienen un pH de:
    a) 4,0–7,5
    b) 3,5–6,0
    c) 2,0–8,0
    d) 7,0–9,0
    _____

26. Los tintes temporales contienen:
    a) derivados de la anilina
    b) revelador
    c) amoníaco
    d) colores certificados
    _____

27. Una preparación para disolver una sustancia sólida, líquida o gaseosa en otra sustancia se denomina:
   a) suspensión
   b) compuesto
   c) solución
   d) mezcla

28. Un líquido utilizado para disolver una sustancia se denomina:
   a) soluto
   b) concentrado
   c) disolvetnte
   d) sustancia volátil

29. Los disolventes que se mezclan con facilidad son:
   a) no miscibles
   b) miscibles
   c) emulsiones
   d) unidos con la ayuda de un pegamento

30. Una mezcla semisólida de una sustancia orgánica y un agente medicinal se denomina:
   a) jabón
   b) mucílago
   c) ungüento
   d) pasta

31. El jabón se forma con la combinación química de:
   a) un álcali y una grasa
   b) un álcali y una sal
   c) un detergente y potasio
   d) una grasa y alcohol

32. Hamamelis es una solución que funciona como:
   a) astringente
   b) suavizante de piel
   c) desinfectante
   d) crema protectora

33. Una crema fría sirve para:
   a) erradicar las arrugas
   b) limpiar la piel
   c) fortalecer los músculos faciales
   d) reducir la perspiración

34. Un álcali consigue que el cabello:
   a) se endurezca y encoja
   b) suavice y ensanche
   c) se estire y vuelve a su forma original
   d) cierre la capa de la cutícula

35. La clasificación de los tintes que no elevan la melanina natural pero requieren 10 volúmenes de revelador es:
   a) depósito oxidante
   b) permanente oxidante
   c) permanente no oxidante
   d) semipermanente

36. El producto formulado para eliminar la acumulación de color o manchas de la cutícula es un:
    a) disolvente de tinte
    b) quitacolorante con proteínas
    c) quitacolorante con base de aceite
    d) decolorante líquido
    _____

37. La loción similar a una crema limpiadora pero con menos aceite se llama:
    a) loción refrescante
    b) loción medicinal
    c) loción astringente
    d) loción limpiadora
    _____

38. El maquillaje de ojos que contiene cera y espesantes es el/la:
    a) lápiz de ojos
    b) máscara
    c) sombra de ojos
    d) perfilador
    _____

39. La loción de calamina es un ejemplo de:
    a) suspensión
    b) ungüento
    c) emulsión
    d) solución
    _____

40. El peróxido de hidrógeno se encuentra en:
    a) tintes semipermanentes
    b) relajantes de hidróxido sódico
    c) soluciones de tioglicolato de amonio
    d) neutralizadores
    _____

41. Los quats se pueden considerar hidratantes, por su:
    a) capacidad para repeler el agua
    b) capacidad para ayudar en el enjuagado
    c) capacidad para fijarse a las fibras del cabello
    d) capacidad lubricante
    _____

42. Cuando se aplica al cabello un tinte oxidante permanente, se crea un/una:
    a) reacción alcalina
    b) reacción ácida
    c) cambio físico
    d) combustión rápida
    _____

43. El ingrediente del jabón desodorante que aumenta la sensibilidad de la piel frente al sol es el/la:
    a) fenol
    b) triclocarbono
    c) glicerina
    d) ácido graso
    _____

44. El ingrediente primario de las barras de labios es:
    a) aceite de ricino
    b) aceite mineral
    c) agua
    d) cera de abejas
    _____

45. Principalmente, los pulverizadores de cabello son una combinación de:

a) polímeros y perfume

b) alcohol y agua

c) plastificantes y polímeros

d) aerosol y alcohol

_____

El negocio del salón de belleza

1. Al seleccionar el emplazamiento de un salón de belleza, debe considerar:
   a) su política personal
   b) el número de empleados a contratar
   c) los servicios que ofrecerá
   d) la competencia directa

   _____

2. El propietario y/o administrador de un salón debe poseer conocimientos sobre los principios generales de los negocios y:
   a) soluciones psicológicas
   b) las tendencias actuales de la moda
   c) el equipo básico del salón
   d) fontanería

   _____

3. El mantenimiento y renovación de los edificios está regulado por:
   a) leyes federales
   b) ordenanzas locales
   c) leyes estatales
   d) el departamento de licencias

   _____

4. En los _____ del salón puede encontrar información sobre los productos que se están vendiendo bien o mal.
   a) registros de consumo
   b) registros de inventario
   c) registros de los servicios
   d) libros de caja

   _____

5. El tipo de propiedad que más limita las pérdidas personales del propietario es la:
   a) sociedad anónima
   b) propiedad compartida
   c) propiedad individual
   d) sociedad

   _____

6. Los propietarios de salones deben suscribir pólizas de seguros para protegerse contra pleitos por:
   a) incrementos de la renta
   b) pérdida de empleados
   c) mala práctica
   d) reducción de clientes

   _____

7. Las compras principales de suministros deben hacerse:
   a) después de liquidar los impuestos
   b) cuando estén en oferta
   c) antes de que los impuestos se archiven
   d) cuando sean necesarias _____

8. En un salón de belleza bien organizado, el flujo de clientes se dirige hacia:
   a) la zona de recepción
   b) la zona de lavado
   c) las estaciones de peinado
   d) la zona de aparcamiento _____

9. Para un servicio satisfactorio, es esencial que el salón tenga buena fontanería y suficiente:
   a) espacio de oficinas
   b) iluminación
   c) espacio de aparcamiento
   d) transporte público _____

10. La mejor propaganda es:
    a) un anuncio de neón
    b) un cliente satisfecho
    c) un anuncio en el periódico
    d) un escaparate _____

11. Se consigue un contacto más próximo con clientes potenciales utilizando:
    a) publicidad en los periódicos
    b) publicidad radiofónica
    c) publicidad en las páginas amarillas
    d) publicidad directa por correo _____

12. Los salones pueden situarse cercanos entre sí, siempre que tengan:
    a) diferentes tipos de clientelas
    b) diferentes productos a la venta
    c) diferente número de empleados
    d) diferentes opciones de pago _____

13. La Seguridad Social se cubre cumpliendo con las:
    a) leyes locales
    b) leyes estatales
    c) leyes federales
    d) leyes fiscales _____

14. El gasto más importante en el funcionamiento de un salón de belleza es:
    a) el alquiler
    b) los salarios
    c) los suministros
    d) la publicidad _____

15. La "persona clave" del salón es el:
    a) administrador
    b) peluquero
    c) encargado del champú
    d) recepcionista _____

16. Se puede obtener información precisa de lo que ocurre en el salón consultando:
    a) el plan de negocios
    b) los registros anuales
    c) el libro de citas
    d) la declaración de impuestos _____

17. Las licencias individuales y del salón están reguladas por:
    a) leyes federales
    b) leyes del condado
    c) leyes locales
    d) leyes estatales _____

18. Cuando se reservan citas por teléfono, debe:
    a) asignar la mayoría de los clientes a los nuevos cosmetólogoslos
    b) familiarizarse con los servicios y productos disponibles
    c) asignar la mayoría de los clientes a cosmetólogos establecidos
    d) utilizar un lápiz por si hay cancelaciones _____

19. Un requisito para un buen telefonista es:
    a) que hable correctamente
    b) tener cerca lápiz y papel
    c) que sea bilíngüe
    d) una voz profunda _____

20. Si adquiere un salón establecido, debe realizar una investigación para determinar:
    a) Los clientes actuales
    b) los tres últimos propietarios
    c) las deudas pendientes
    d) lo que pagó el propietario por la propiedad _____

21. Una responsabilidad muy importante en el funcionamiento del salón es la gestión:
    a) de la iluminación
    b) de la competencia
    c) de las citas
    d) del almacenamiento _____

22. Las leyes estatales suelen cubrir:
    a) los impuestos
    b) las licencias
    c) la Seguridad Social
    d) los códigos de edificación _____

23. Cuando escuche las quejas de un cliente, es importante evitar:
    a) parecer condescendiente
    b) prometerle servicios gratuitos
    c) interrumpirle
    d) pedir disculpas _____

24. Para que las ventas sean más agradables y productivas, el cosmetólogo debe:

   a) tener confianza en sí mismo
   b) tener en cuenta las ventas de la competencia
   c) ser enérgico
   d) ser precavido

   _____

25. El primer paso para vender con éxito en el salón de belleza es:

   a) demostrar el uso de los productos
   b) realizar una venta
   c) vender por sí mismo
   d) anunciarse

   _____

26. Un salón propiedad de unos accionistas y que tenga una escritura de constitución se denomina:

   a) sociedad anónima (corporation)
   b) propiedad individual
   c) sociedad (partnership)
   d) propiedad conjunta

   _____

27. Antes de vender un servicio o producto a un cliente, debe establecer si existe:

   a) suficiente potencial
   b) una garantía del producto
   c) una futura rebaja
   d) una necesidad del mismo

   _____

28. El porcentaje aproximado del gasto de un salón en salarios es el:

   a) 25
   b) 35
   c) 50
   d) 75

   _____

29. Los registros de los clientes se deben guardar:

   a) en su puesto de trabajo
   b) en la oficina
   c) en el almacén
   d) en una ubicación central

   _____

30. Si dos personas son propietarias de un salón, el tipo de propiedad se denomina:

   a) propiedad individual
   b) salón de una cadena
   c) sociedad anónima (corporation)
   d) sociedad (partnership)

   _____

31. Los productos que se venden a los clientes son:

   a) suministros en stock
   b) suministros de detalle
   c) consumibles
   d) suministros al por mayor

   _____

32. Las leyes locales, estatales y federales exigen que un negocio mantenga:

   a) registros de negocio propios
   b) una zona de parqueado
   c) un código de vestimenta para los empleados
   d) un presupuesto para publicidad

   _____

33. Para mantener un control exacto y eficaz sobre los suministros, es necesario disponer de un buen:
a) sistema de inventariado
b) sistema de compras
c) sistema de seguridad
d) registro de servicios

_____

34. Los comprobantes de ventas diarias, el libro de citas y los libros de caja deberían conservarse al menos durante:
a) 7 meses
b) 7 años
c) 6 meses
d) 6 años

_____

35. Los libros de nóminas y los cheques anulados deberían conservarse durante:
a) 7 meses
b) 7 años
c) 6 meses
d) 6 años

_____

36. Las leyes federales cubren:
a) impuestos
b) renovaciones
c) alquileres
d) licencias

_____

37. La publicidad se puede concentrar en:
a) su plan personal
b) los planes del periódico
c) las vacaciones
d) los periodos tradicionalmente bajos

_____

38. El teléfono de un salón debe contestarse:
a) tras dos tonos
b) rápidamente
c) cuando no haya clientes en el mostrador de recepción
d) una hora y cuarto más tarde

_____

39. Al tratar las quejas por teléfono, debería:
a) pedir al propietario que se encargue de ellas
b) sugerir otro salón
c) hacer que el cosmetólogo afectado se encargue
d) utilizar autocontrol y cortesía

_____

40. El paso más importante en la venta:
a) es establecer las necesidades del cliente
b) ofrecer sólo productos que se vendan por si mismos
c) ofrecer una variedad de productos económicos
d) anunciar las ventas con anterioridad

_____

Típico Examen del Estado Prueba 1 :100 preguntas de respuestas múltiples

INSTRUCCIONES: Lea cuidadosamente cada pregunta. Elija la palabra o frase que complete correctamente el significado de cada pregunta y escriba la letra correspondiente sobre la línea.

1. Uno de los elementos principales necesarios para una buena salud es:
   a) la dieta
   b) el entrenamiento
   c) la ropa
   d) el trabajo en equipo _____

2. Para sentarse en una buena postura, mantenga las rodillas y:
   a) los brazos muy juntos
   b) las caderas relajadas
   c) los pies muy juntos
   d) los tobillos cruzados _____

3. Un cosmetólogo con éxito es un hábil:
   a) cuentista
   b) oyente
   c) experto en mantenimiento
   d) experto en moda _____

4. Los desinfectantes no dañan a las bacterias durante la:
   a) fase vegetativa
   b) fase de formación de esporas
   c) fase activa
   d) mitosis _____

5. Los bacilos son bacterias con:
   a) forma de sacacorchos
   b) forma redonda
   c) forma de varilla
   d) forma curvada _____

6. El síndrome de inmunodeficiencia adquirida (SIDA):
   a) está causado por el uso de jeringuillas
   b) es una forma de herpes
   c) ataca al sistema nervioso
   d) está causado por el virus HIV _____

7. Las superficies que deben esterilizarse son:
   a) la piel
   b) no porosas
   c) las placas de las uñas
   d) de madera y plástico _____

143

8. La desinfección es un paso por debajo de la esterilización, porque no:
   a) mata los microbios
   b) mata las esporas de las bacterias
   c) tiene olor
   d) limpia las superficies
   _____

9. Un desinfectante "Formulado para hospitales y centros de salud" debe ser pseudomonacida, bactericida, fungicida y:
   a) pneumonicida
   b) barato
   c) virucida
   d) fácil de diluir para otros usos
   _____

10. En lugar de usar pastillas de jabón, que pueden cultivar bacterias, debe suministrar:
    a) limpiadores para bebés
    b) jabón líquido antibacteriano
    c) toallitas con alcohol
    d) una manopla
    _____

11. El nombre técnico del pelo de las pestañas es:
    a) barba
    b) cilio
    c) cabello
    d) supercilio
    _____

12. La composición química del pelo depende de su:
    a) color
    b) longitud
    c) grosor
    d) patrón de crecimiento
    _____

13. La estructura en forma de garrote que constituye la parte inferior de la raíz se llama:
    a) arrector pili
    b) bulbo
    c) papila
    d) tallo
    _____

14. La fase de crecimiento del cabello se denomina:
    a) anágena
    b) mitosis
    c) catágena
    d) telógena
    _____

15. Existe una solución tópica probada médicamente, que se aplica al cuero cabelludo para que vuelva a crecer el pelo, denominada:
    a) finasteride
    b) astringentes
    c) monoxidil
    d) aceite caliente
    _____

16. El cabello largo, grueso y pigmentado se denomina:
    a) barba
    b) terminal
    c) supercilio
    d) vello
    _____

144

17. El cabello que crece en una misma dirección se conoce como:
    a) partición natural
    b) corriente del pelo
    c) remolino
    d) línea del pelo
    _____

18. El cabello hirsuto puede tener un aspecto duro y brillante, causado por:
    a) escamas de la cutícula levantadas
    b) exceso de acondicionamiento
    c) pérdidas de pigmento
    d) escamas de la cutícula planas
    _____

19. La miniaturización de algunos folículos del cuero cabelludo contribuye al proceso de:
    a) alopecia androgenética
    b) alopecia postparto
    c) alopecia areata
    d) desprendimiento telogénico
    _____

20. Tricoptilosis es el nombre técnico que corresponde:
    a) al cabello en bolitas
    b) puntas abiertas
    c) cabello gris
    d) cabello anillado
    _____

21. El nombre médico de la caspa es:
    a) pitiriasis
    b) pediculosis
    c) tinea
    d) moniletrix
    _____

22. Una capa no debe tocar la piel del cliente, porque puede:
    a) ser irritante para el cliente
    b) tener cabello cortado
    c) estar mojada
    d) ser portadora de enfermedades
    _____

23. Para determinar la temperatura del agua durante un lavado con champú:
    a) compruébela frecuentemente en la muñeca
    b) mantenga un dedo en la boquilla del pulverizador
    c) pregunte al cliente
    d) mantenga los grifos a una temperatura invariable
    _____

24. El uso de un champú apropiado ayuda a prevenir:
    a) puntas abiertas
    b) trastornos del cuero cabelludo
    c) un cuero cabelludo flexible
    d) pediculosis
    _____

25. Para mantener la tensión adecuada durante el corte del cabello:
    a) empape el cabello por completo
    b) use una navaja
    c) no corte más allá del segundo nudillo
    d) permita que los dedos índice y medio se solapen
    _____

26. La cantidad de elevación desde la forma de la cabeza:
    a) depende del tamaño de las partes
    b) es igual al tamaño de la subsección
    c) se mide en grados
    d) se mide en pulgadas
    _____

27. El entresacado no es recomendable en:
    a) la raya y la nuca
    b) la línea del pelo y la nuca
    c) la línea del pelo y la línea guía
    d) la raya y la línea del pelo
    _____

28. El resultado de un corte de mucha elevación debe ser:
    a) más largo en la coronilla
    b) de igual longitud en toda la cabeza
    c) de una única longitud
    d) más largo en la nuca
    _____

29. Si se empuja la cabeza hacia adelante durante el corte, obtendremos:
    a) un adorno
    b) capas más cercanas
    c) más longitud por debajo
    d) un corte subyacente
    _____

30. Las líneas de transición en el peinado suelen ser:
    a) horizontales
    b) curvadas
    c) verticales
    d) diagonales
    _____

31. La calidad de la superficie real del cabello se conoce como:
    a) densidad
    b) volumen
    c) textura
    d) profundidad
    _____

32. La parte de un peinado en que primero se fijan los ojos se denomina punto de:
    a) proporción
    b) armonía
    c) equilibrio
    d) énfasis
    _____

33. Un rizo firme, apretado y de larga duración se produce con el:
    a) rizo de tallo completo
    b) rizo sin tallo
    c) rizo de medio tallo
    d) rizo de centro abierto
    _____

34. Un rizo acabado no se ve afectado por:
    a) el tamaño del rizo
    b) la cantidad de cabello utilizado
    c) la forma de la base
    d) la dirección del rizo
    _____

35. Si el cabello se enrolla una vuelta completa alrededor de un rulo, se creará:
    a) una forma de C
    b) una onda
    c) una explosión del rizo
    d) tirabuzones
    _____

146

36. Cuando quiera un peinado suave, asegúrese de:
   a) usar un peine de púas anchas
   b) cepillar el cabello suavemente
   c) peinar con los dedos
   d) cepillar solamente las puntas del cabello

   _____

37. La temperatura de las tenazas térmicas se comprueba con:
   a) un mechón de cabello
   b) un paño húmedo
   c) un pañuelo de papel
   d) papel encerado

   _____

38. Después de peinar el cabello con secado por aire, y antes de peinarlo, debe estar completamente:
   a) suavizado
   b) caliente
   c) cubierto con gel
   d) frío

   _____

39. El peinado con ondulador de aire se realiza de igual manera que el:
   a) ondulado térmico
   b) ondulado con los dedos
   c) fundido químico
   d) ondulado por fusión

   _____

40. Antes de la permanente, debe comprobarse la porosidad y _____ del cabello.
   a) densidad
   b) longitud
   c) elasticidad
   d) textura

   _____

41. En un ondulado permanente, el tamaño de la onda o rizo está controlado por:
   a) el tamaño del bigudí
   b) la solución utilizada
   c) el tiempo de proceso
   d) el proceso de neutralización

   _____

42. El diámetro de un mechón de cabello individual es el/la _____ del cabello.
   a) elasticidad
   b) textura
   c) porosidad
   d) densidad

   _____

43. Las divisiones medias de una onda permanente deben coincidir:
   a) con el tamaño de los papeles terminales
   b) con el diámetro del bigudí
   c) desde la coronilla hasta la nuca
   d) en anchura y longitud

   _____

44. Cuando se activa una permanente con calor externo, como un secador de capucha, el proceso es:
   a) endotérmico
   b) de equilibrio neutro
   c) exotérmico
   d) externo

   _____

45. La formación de una onda floja o débil es el resultado de:
   a) utilizar demasiada solución
   b) una aplicación insuficiente
   c) un enrollamiento con tensión
   d) un bloqueo incorrecto _____

46. Las lociones de ondulado permanente con equilibrio ácido o neutro producen:
   a) ondas profundas y firmes
   b) ondas de corta duración
   c) rizos en espiral
   d) ondas suaves de aspecto natural _____

47. Antes de un servicio de teñido, se realiza una prueba de predisposición para determinar:
   a) los resultados del teñido
   b) la alergia a la anilina
   c) el tiempo de proceso
   d) el método de aplicación adecuado _____

48. El color primario más claro es el:
   a) amarillo
   b) azul
   c) rojo
   d) blanco _____

49. El naranja se crea mezclando:
   a) rojo y azul
   b) rojo y blanco
   c) amarillo y azul
   d) amarillo y rojo _____

50. Un color semipermanente:
   a) requiere un oxidante
   b) es endotérmico
   c) se atenuará sin un nuevo crecimiento
   d) dura 4-6 semanas _____

51. El peróxido seco se utiliza para:
   a) espesar el tinte líquido
   b) reducir el tiempo de aplicación
   c) diluir otras potencias
   d) aumentar la potencia del peróxido _____

52. Los tintes progresivos se clasifican como:
   a) tintes vegetales
   b) tintes compuestos
   c) tintes metálicos
   d) tintes oxidantes _____

53. Se utilizan álcalis no amónicos y un revelador de bajo volumen con:
   a) un tinte oxidante de depósito
   b) un tinte tradicional semipermanente
   c) un tinte de polímero semipermanente
   d) un tinte permanente no oxidante _____

54. Una desventaja del peróxido en crema es que:
    a) puede secarse con demasiada rapidez
    b) es difícil de mezclar con el decolorante
    c) puede producir grumos
    d) puede reducir la potencia del tinte
    _____

55. Para aclarar el cabello previamente teñido:
    a) aplique un blanqueador en polvo
    b) use una cantidad mayor de peróxido
    c) use un quitacolorante antes del teñido
    d) seleccione un tinte más claro de proceso simple
    _____

56. Un factor que afecta al tiempo de aplicación de un relajante químico es:
    a) la estación del año
    b) la porosidad del cabello
    c) los productos de peluquería utilizados con anterioridad
    d) la longitud del cabello
    _____

57. La prueba que determina el grado de elasticidad del cabello se conoce como:
    a) prueba de estiramiento
    b) prueba de coincidencia
    c) prueba de mechón
    d) prueba del dedo
    _____

58. Los dos tipos generales de relajantes de cabello son tioglicolato de amonio y:
    a) rellenos
    b) hidróxido sódico
    c) aceite de prensado
    d) compuestos de henna
    _____

59. Si el cabello se aleja del cuero cabelludo duante la aplicación de un relajante:
    a) enjuague inmediatamente
    b) humedezca con agua
    c) añada neutralizador
    d) continúe con el proceso
    _____

60. El prensado del cabello suele durar:
    a) una noche
    b) hasta que se lava con champú
    c) una semana
    d) 4-6 semanas
    _____

61. Cuando prense cabello gris, use una presión ligera y:
    a) más aceite de prensado
    b) calor moderado
    c) subsecciones más pequeñas
    d) un peine de prensado mayor
    _____

62. Un prensado duro en que se pasan unas tenazas térmicas por el cabello, se llama:
    a) prensado doble
    b) prensado químico
    c) prensado térmico
    d) prensado simple
    _____

63. Un cuero cabelludo se puede clasificar como normal, flexible o:
   a) quebradizo
   b) delgado
   c) poroso
   d) estrecho _____

64. Cada vez que se limpia en seco una peluca de cabello humano, hay que:
   a) reajustar su tamaño
   b) reacondicionarla
   c) volver a anudarla
   d) volver a estirarla _____

65. Si un cliente se corta accidentalmente durante la manicura, aplique
   _____ para detener la hemorragia.
   a) un lápiz estíptico
   b) vaselina
   c) alumbre en polvo
   d) alcohol _____

66. Cuando se realiza la manicura, los instrumentos deben mantenerse en
   un/una:
   a) cajón
   b) envase esterilizador
   c) esterilizador de perlas
   d) bolsa de plástico unida a la
   estación _____

67. Se puede dar un masaje de manos durante una manicura:
   a) antes del esmalte
   b) antes del remojo
   c) antes del limado
   d) antes de empujar las cutículas _____

68. Los cepillos utilizados para capas acrílicas se limpian sumergiéndolos en:
   a) alcohol
   b) agua jabonosa
   c) un quat débil
   d) quitaesmalte _____

69. El material más fuerte utilizado para la envoltura de uñas es el/la:
   a) tejido reparador
   b) acrílico
   c) seda
   d) lino _____

70. Los hongos se producen al quedar suciedad y _____
   entre los productos de uñas artificiales y la uña natural.
   a) esmalte de uñas
   b) imprimador
   c) humedad
   d) aceites naturales _____

71. El color claro de la lúnula se debe a la reflexión de la luz donde:
   a) se encuentran el borde libre
   y el lecho de la uña
   b) se unen el lecho de la uña
   y sus paredes
   c) se unen la matriz y la cutícula
   d) se unen la matriz y el tejido
   conectivo del lecho de la uña _____

72. El nombre técnico de la uña es:
    a) onix
    b) onicauxis
    c) onicosis
    d) oniquia
    _____

73. El nombre médico de las uñas quebradizas es:
    a) onicofagia
    b) oniquia
    c) onicorrexis
    d) onicocriptosis
    _____

74. Las uñas mordidas se conocen como:
    a) onicofagia
    b) oniquia
    c) onicorrexis
    d) onicocriptosis
    _____

75. Los cosmetólogos no tienen autorización para aplicar masajes:
    a) en las piernas, por debajo de la rodilla
    b) en el pecho
    c) en las piernas, por encima de la rodilla
    d) en la parte posterior de las piernas
    _____

76. El movimiento de masaje más vigoroso es el/la:
    a) amasado
    b) golpeteo
    c) fricción
    d) vibración
    _____

77. Después de extraer las espinillas, aplique:
    a) una máscara de barro
    b) crema de masaje
    c) astringente
    d) toallas frías
    _____

78. Hay estudios que demuestran que el acné se debe:
    a) a la falta de tratamientos cutáneos
    b) a la comida rápida
    c) al chocolate
    d) a factores hereditarios
    _____

79. En una mascarilla se puede utilizar _____ para conseguir un efecto hidratante.
    a) fresas
    b) miel
    c) clara de huevo
    d) pepinos
    _____

80. Las cejas se depilan correctamente:
    a) con un movimiento hacia arriba
    b) después de aplicar la base
    c) en la dirección de su crecimiento
    d) después de cada aplicación de maquillaje
    _____

81. La capa de la epidermis que se desprende y sustituye continuamente se denomina:
    a) estrato lúcido
    b) estrato córneo
    c) estrato granuloso
    d) estrato mucoso _____

82. El conducto de una glándula sebácea se vacía en el/la:
    a) folículo piloso
    b) fundus
    c) corriente sanguínea
    d) poro sudoríparo _____

83. *Comedón* es el nombre técnico de una:
    a) mácula
    b) espinilla
    c) espinilla blanca
    d) nevus _____

84. En la seborrea, el aspecto de la piel es:
    a) seco y opaco
    b) suave y sonrosado
    c) graso y brillante
    d) rojizo y lleno de erupciones _____

85. La hiperhidrosis aparece con más frecuencia en:
    a) la frente
    b) la parte inferior de los pies
    c) los codos
    d) las axilas _____

86. Después de un tratamiento de cera, se retira el paño de algodón:
    a) con las tenazas
    b) lentamente
    c) en la dirección de crecimiento del pelo
    d) en la dirección opuesta al crecimiento del pelo _____

87. La temperatura de la cera caliente se comprueba en:
    a) la muñeca del cliente
    b) la punta del dedo
    c) el brazo
    d) papel encerado _____

88. El corazón, los pulmones, los riñones, el estómago y los intestinos son _____ del cuerpo.
    a) sistemas
    b) órganos
    c) funciones
    d) tejidos _____

89. Una de las funciones de los huesos es:
    a) dar forma y soporte al cuerpo
    b) añadir peso al cuerpo
    c) acoger las terminaciones nerviosas
    d) proteger los músculos _____

90. La unidad de presión eléctrica se llama:
    a) amperio
    b) voltio
    c) ohmio
    d) vatio
    _____

91. La corriente Tesla se denomina comunmente:
    a) rayo ultravioleta
    b) rayo violeta
    c) corriente de baja frecuencia
    d) rayo infrarrojo
    _____

92. Cerca del 80% de la luz solar corresponde a los:
    a) rayos ultravioleta
    b) rayos actínicos
    c) rayos de luz visible
    d) rayos infrarrojos
    _____

93. La partícula más pequeña de un elemento es el/la:
    a) átomo
    b) núcleo
    c) molécula
    d) electrón
    _____

94. Los champús para niños suelen clasificarse como:
    a) anfóteros
    b) catiónicos
    c) aniónicos
    d) no iónicos
    _____

95. Un álcali consigue que el cabello:
    a) se endurezca y encoja
    b) se suavice y ensanche
    c) se estire y vuelva a su forma original
    d) cierre la capa de la cutícula
    _____

96. Los quats se pueden considerar hidratantes, por su capacidad para:
    a) repeler el agua
    b) ayudar en el enjuagado
    c) fijarse a las fibras del cabello
    d) lubricar
    _____

97. El ingrediente del jabón desodorante que aumenta la sensibilidad de la piel frente al sol es el/la:
    a) fenol
    b) glicerina
    c) triclocarbono
    d) ácido graso
    _____

98. Las licencias individuales y del salón están reguladas por:
    a) leyes federales
    b) reglamentos del condado
    c) leyes locales
    d) leyes estatales
    _____

99. Antes de vender un servicio o producto a un cliente, debe determinar si:
    a) lo necesita
    b) hay ventas pendientes
    c) hay suficente potencial de ingresos
    d) existe garantía del producto
    _____

100. El libro de nóminas y de cheques cancelados debe retenerse durante:
    a) 7 meses
    b) 7 años
    c) 6 meses
    d) 6 años

_____

Típico Examen del Estado Prueba 2 :100 preguntas de respuestas múltiples

INSTRUCCIONES: Lea cuidadosamente cada pregunta. Elija la palabra o frase que complete correctamente el significado de cada pregunta y escriba la letra correspondiente sobre la línea.

1. La higiene pública también se conoce como:
   a) cuidado personal
   b) esterilización
   c) saneamiento
   d) desinfección
   _____

2. Para sentarse en una postura confortable, mantenga las plantas de los pies:
   a) en el suelo
   b) cruzadas
   c) extendidas
   d) elevadas
   _____

3. La conducta adecuada en relación con el empresario, los clientes y los compañeros se denomina:
   a) personalidad
   b) ética profesional
   c) cortesía
   d) honestidad profesional
   _____

4. La fase inactiva del ciclo vital de las bacterias se conoce como:
   a) fase patógena
   b) fase no patógena
   c) mitosis
   d) fase de formación de esporas
   _____

5. Un ejemplo de infección general es:
   a) divieso
   b) la sífilis
   c) labios agrietados
   d) queratoma
   _____

6. El SIDA está producido por:
   a) carencias nutricionales
   b) herpes
   c) el virus HIV
   d) hábitos insanos
   _____

7. El nivel de descontaminación que no se requiere en un salón de belleza es:
   a) saneamiento
   b) esterilización
   c) descontaminación
   d) limpieza   _____

8. Si un utensilio del salón entra en contacto con sangre o fluidos corporales, debe limpiarse y sumergirse completamente en:
   a) alcohol
   b) un desinfectante registrado por la EPA
   c) un antiséptico registrado por la OSHA
   d) formalina   _____

9. Dos normas universales de precaución son la higiene personal y:
   a) la salud
   b) la actitud
   c) el aspecto personal
   d) la limpieza del salón de belleza   _____

10. El estudio del cabello se denomina:
    a) patología
    b) dermatología
    c) tricología
    d) etiología   _____

11. La papila se encuentra en el interior del/de la:
    a) médula
    b) raíz
    c) bulbo
    d) tallo   _____

12. El pigmento del cabello se encuentra en el/la:
    a) cutícula
    b) corteza
    c) médula
    d) folículo   _____

13. El vello:
    a) está pigmentado
    b) no está pigmentado
    c) es grueso
    d) es rizado   _____

14. La fase de reposo del ciclo de crecimiento del cabello se denomina:
    a) anágena
    b) catágena
    c) biógena
    d) telógena   _____

15. La capacidad del cabello para absorber la humedad se denomina:
    a) textura
    b) elasticidad
    c) densidad
    d) porosidad   _____

16. La alopecia androgenética:
    a) altera la estructura folicular
    b) no altera el número de folículos
    c) no altera el tamaño de los folículos
    d) aumenta el número de folículos _____

17. El cosmetólogo puede reconocer cabellos miniaturizados en el cuero cabelludo del cliente por sus:
    a) puntas planas
    b) puntas redondeadas
    c) puntas abiertas
    d) extremos puntiagudos _____

18. Un desarrollo anormal excesivo de la uña se conoce como:
    a) hipertricosis
    b) tricorrexis nudosa
    c) tricoptilosis
    d) hiperhidrosis _____

19. Para el tratamiento de la alopecia androgenética, existe un medicamento en píldoras denominado:
    a) monoxidil
    b) folicidil
    c) finasteride
    d) metacrilato _____

20. El nombre médico de la tiña es:
    a) pediculosis
    b) tinea
    c) pitiriasis
    d) escútula _____

21. Un forúnculo se conoce habitualmente como:
    a) verruga
    b) úlcera fría
    c) infección folicular
    d) divieso _____

22. Al cubrirlo, se necesita una tira para el cuello o una toalla para evitar que la piel del cliente:
    a) se sienta incómoda
    b) toque la capa
    c) se humedezca
    d) se pegue a las puntas recien cortadas _____

23. No debe realizarse un cepillado concienzudo del cabello antes de un:
    a) teñido del cabello
    b) lavado con champú
    c) corte del cabello
    d) tratamiento del cuero cabelludo _____

24. Los champús medicinales afectan:
    a) a los resultados del peinado
    b) al proceso de acondicionamiento
    c) al tamaño de la cutícula
    d) al color del cabello teñido _____

25. La sección del cabello que determina la longitud del corte se denomina:
    a) partición
    b) línea guía
    c) sección
    d) línea de graduación _____

26. Cuando el cabello se pierde por causas naturales y cada subsección es ligeramente más corta que la guía, se conoce como:
    a) corte recto
    b) corte subyacente
    c) corte en capas
    d) entallado _____

27. La técnica de tijeras sobre peine se usa para:
    a) crear volumen
    b) corregir los remolinos
    c) crear mechones muy cortos
    d) proporcionar más longitud en la nuca _____

28. El entresacado del cabello con tijeras se conoce como:
    a) corte con tijeras
    b) emplumado
    c) mezclado
    d) efilación _____

29. Ejemplos de patrón de ritmo rápido son:
    a) rizos grandes
    b) los peinados igualados
    c) las ondas largas
    d) rizos apretados _____

30. Una frente estrecha puede parecer más ancha utilizando transparencias en:
    a) la nuca
    b) las sienes
    c) la raya
    d) la coronilla _____

31. El tipo facial cuadrado se identifica por la línea cuadrada de la mandíbula y:
    a) la línea del pelo irregular
    b) las mejillas planas
    c) la frente estrecha
    d) la línea de pelo recta _____

32. Pellizcando o apretando las crestas con los dedos, se originarán:
    a) faltas de dirección en las crestas
    b) separaciones
    c) excesos de dirección en las crestas
    d) ondas de anchuras no uniformes _____

33. La parte estacionaria del rizo fijo es el/la:
    a) rizo
    b) tallo
    c) onda
    d) base _____

34. En un peinado con raya lateral, la ondulación con los dedos debe comenzar en:
    a) el lado izquierdo
    b) el lado con más peso
    c) el lado derecho
    d) el lado más ligero _____

35. Comience siempre los rizos fijos en el extremo _____ de la conformación.

a) abierto
b) inferior

c) superior
d) circular

_____

36. El volumen está determinado por el tamaño del rulo y:

a) el número de rulos utilizados
b) la dirección del rizo

c) cómo se asienta sobre su base
d) la dirección de las pinzas de sujeción

_____

37. Para conseguir la menor cantidad de volumen en un rulo, utilice el:

a) método sobre la base
b) método de media base

c) método fuera de la base
d) método de extremo abierto

_____

38. Las trenzas de espiga se hacen del mismo modo que las:

a) trenzas francesas visibles
b) trenzas superpuestas

c) trenzas francesas invisibles
d) trenzas normales

_____

39. La temperatura adecuada para las tenazas térmicas depende:

a) del tipo de tenazas utilizadas
b) la textura del cabello

c) de la velocidad del cosmetólogo
d) del tamaño del calentador

_____

40. Para realizar con éxito un peinado con secado por aire, el aire debe dirigirse desde el cuero cabelludo hacia:

a) el suelo
b) la raíz

c) la cara
d) las puntas

_____

41. Un método para enrollar una onda permanente con cabellos largos se conoce como:

a) método de halo doble
b) método de corona caída

c) método a horcajadas
d) método de halo simple

_____

42. El ingrediente activo principal de las lociones de ondulación con equilibrio ácido es:

a) tioglicolato de amonio
b) hidróxido sódico

c) monotioglicolato de glicerilo
d) peróxido de hidrógeno

_____

43. Una loción de ondulado en frío:

a) endurece el cabello
b) seca el cabello

c) ajusta el cabello
d) suaviza el cabello

_____

44. Un beneficio derivado de las lociones permanentes alcalinas es:
    a) un rizo más suave
    b) un proceso más rápido
    c) un patrón de rizos pronunciado
    d) su suavidad para el cabello delicado _____

45. La capacidad del cabello para absorber la humedad se denomina:
    a) porosidad
    b) textura
    c) elasticidad
    d) densidad _____

46. Cuando se comprueba un patrón en S, el cabello debe desenrollarse:
    a) 2 vuelta y media
    b) 2 vueltas
    c) 1 vuelta
    d) 1 vuelta y media _____

47. La diferencia entre una onda de cuerpo y una permanente es:
    a) si el cabello está teñido
    b) el tamaño del bigudí utilizado
    c) la solución utilizada
    d) la cantidad de neutralizador utilizado _____

48. El cabello de textura fina:
    a) es resistente al aclarado
    b) tiene una respuesta media al color
    c) puede procesar más oscuro cuando se deposita el color
    d) puede procesar más claro cuando se deposita el color _____

49. La calidez o frialdad de un color se conoce como:
    a) nivel
    b) intensidad
    c) profundidad
    d) tono _____

50. Los colores rojo, amarillo y azul se consideran:
    a) colores cálidos
    b) colores secundarios
    c) colores primarios
    d) colores fríos _____

51. Si un cliente tiene tonos anaranjados no deseados, use un tinte con:
    a) base violeta
    b) base azul
    c) base verde
    d) base amarilla _____

52. Un tinte temporal:
    a) produce un cambio físico
    b) requiere una prueba de mechón
    c) penetra en la corteza
    d) se mantiene durante 4-6 lavados con champú _____

53. La henna es una forma de:
    a) tinte semipermanente
    b) tinte metálico
    c) tinte de oxidación
    d) tinte vegetal
    _____

54. Los tintes de oxidación funcionan:
    a) cubriendo la cutícula
    b) hinchando el tallo del cabello
    c) cubriendo la corteza
    d) quedando atrapados en la cutícula
    _____

55. Cuando se crea una fórmula para un tinte semipermanente, la mitad de la fórmula es:
    a) el tono de piel del cliente
    b) el color natural del cabello
    c) el color de ojos del cliente
    d) el último color utilizado
    _____

56. El mayor volumen de peróxido utilizado con aclaradores es:
    a) 10
    b) 30
    c) 20
    d) 40
    _____

57. Los blanqueadores en polvo no pueden aplicarse a:
    a) el cuero cabelludo
    b) cabello gris
    c) cabello más oscuro del nivel 5
    d) cabello más oscuro del nivel 3
    _____

58. Las subdivisiones del aclarador deben ser de:
    a) 0,33 cm
    b) 1,25 cm
    c) 0,66 cm
    d) 2,5 cm
    _____

59. Los rellenos se utilizan para equilibrar la porosidad y:
    a) abrir la cutícula
    b) difundir la melanina
    c) depositar un color base
    d) eliminar la acumulación de color
    _____

60. Cuando se usa un relajante de hidróxido sódico, debe protejerse el cuero cabelludo del cliente con:
    a) gel
    b) un estabilizador
    c) una crema derivada del petróleo
    d) un acondicionador
    _____

61. Cuando se detecta la presencia de _____, deben evitarse tratamientos de relajación del cabello.
    a) pitiriasis
    b) abrasiones del cuero cabelludo
    c) productos anteriores de peluquería
    d) exceso de grasa
    _____

62. Cuando se realiza un fundido químico, el cabello no debe estar:
    a) coloreado
    b) elevado
    c) relajado de manera insuficiente
    d) relajado en exceso _____

63. Una permanente de rizo suave no debe aplicarse a un cabello:
    a) relajado con hidróxido sódico
    b) no étnico
    c) relajado con tioglicolato de amonio
    d) muy rizado _____

64. La temperatura del peine de prensado debe ajustarse a el/la _____ del cabello.
    a) limpieza
    b) estilo
    c) textura
    d) longitud _____

65. Si el peine de prensado no está suficientemente caliente, el cabello:
    a) requerirá más presión
    b) no se alisará
    c) requerirá más aceite de prensado
    d) necesitará un prensado doble _____

66. El uso de un calor excesivo en cabello gris, teñido o aclarado puede:
    a) alterar el futuro crecimiento del cabello
    b) alisar el cabello
    c) decolorar el cabello
    d) arruinar el peine de prensado _____

67. El prensado o alisado real del cabello se realiza con _____ del peine.
    a) los dientes
    b) la varilla posterior
    c) el mango
    d) la cola _____

68. Las pelucas de pelo humano se distinguen de las de pelo sintético por medio de una simple:
    a) prueba de coincidencia
    b) prueba de estiramiento
    c) prueba de predisposición
    d) prueba de mechón _____

69. Las formas de las uñas deben adaptarse _____ del cliente.
    a) a las puntas de los dedos
    b) al lecho de la uña
    c) al tamaño de la mano
    d) al borde libre _____

70. Para reparar uñas desgarradas, rotas o abiertas, y para fortificar las uñas débiles o frágiles, se recomienda el siguiente servicio:
    a) una manicura de aceite
    b) empujar la cutícula
    c) envoltura de uñas
    d) una manicura básica _____

71. El polvo de piedra pómez suele ser un ingrediente de un/una:
    a) crema de cutícula
    b) esmalte de uñas seco
    c) crema de manos
    d) abrasivo de uñas
    _____

72. El médico especializado en el cuidado de los pies se conoce como:
    a) pediatra
    b) podólogo
    c) cirujano ortopédico
    d) oftalmólogo
    _____

73. La placa de las uñas también se conoce como:
    a) manto
    b) cuerpo de la uña
    c) borde libre
    d) lecho de la uña
    _____

74. La parte de la cutícula que cubre la lúnula se llama:
    a) hiponiquio
    b) eponiquio
    c) perioniquio
    d) pared de la uña
    _____

75. El pliegue profundo de la piel en que está incrustada la raíz se llama:
    a) lúnula
    b) pared de la uña
    c) manto
    d) surco de la uña
    _____

76. Un estado infeccioso e inflamatorio de los tejidos que rodean la uña se conoce como:
    a) onicatrofia
    b) paroniquia
    c) oniquia
    d) onicoptosis
    _____

77. El único servicio que puede realizar para un cliente con hongos o moho en las uñas es:
    a) aplicar esmalte
    b) quitar las uñas artificiales
    c) pulir para que brillen
    d) rellenar el nuevo crecimiento
    _____

78. La unión fija del extremo de un músculo con un hueso o tejido se conoce como _____ del músculo.
    a) articulación
    b) origen
    c) punto
    d) inserción
    _____

79. La milia es un trastorno habitual de la piel que suele producirse en pieles con textura:
    a) gruesa
    b) grasa
    c) fina
    d) suave
    _____

80. El polvo traslúcido es:
    a) más oscuro que la base
    b) incoloro
    c) más claro que la base
    d) del mismo color que la base   _____

81. La aplicación de pestañas artificiales implica:
    a) la aplicación de pestañas de tira
    b) la aplicación de pestañas individuales
    c) el teñido de las pestañas
    d) la eliminación de las pestañas artificiales   _____

82. La piel es más gruesa en:
    a) las palmas de las manos y las plantas de los pies
    b) el abdomen
    c) las nalgas
    d) los muslos   _____

83. El crecimiento de la epidermis comienza en el estrato:
    a) lúcido
    b) germinativo
    c) córneo
    d) granuloso   _____

84. Las fibras nerviosas sensoriales de la piel reaccionan ante el/la:
    a) luz
    b) sonido
    c) frío
    d) miedo   _____

85. El estudio de la estructura, funciones y trastornos de la piel se conoce como:
    a) tricología
    b) etiología
    c) patología
    d) dermatología   _____

86. Después de que se cure una herida, puede desarrollarse un/una:
    a) vesícula
    b) cicatriz
    c) carbunclo
    d) forúnculo   _____

87. Anhidrosis significa:
    a) carencia de perspiración
    b) exceso de perspiración
    c) perspiración de olor desagradable
    d) perspiración normal   _____

88. Los parches blancos anormales de la piel se denominan:
    a) cloasma
    b) albinismo
    c) leucoderma
    d) rosácea   _____

89. La cera fría se elimina de la zona de tratamiento con:
    a) tenazas
    b) disolvente
    c) paño de algodón
    d) guantes   _____

90. Un tejido es un grupo de _____ similares.
    a) hormonas   c) conexiones
    b) músculos   d) células   _____

91. Los huesos constan de dos tercios de materia mineral y un tercio de:
    a) materia animal   c) materia gaseosa
    b) materia líquida   d) materia química   _____

92. El amperio es una unidad de _____ eléctrica.
    a) utilización   c) tensión
    b) resistencia   d) potencia   _____

93. Un tratamiento con rayos de luz se denomina:
    a) tratamiento calorífico   c) electroterapia
    b) tratamiento infrarrojo   d) tratamiento ultravioleta   _____

94. Cuando se combinan químicamente dos o más elementos en
    proporciones definidas, se forma una nueva sustancia denominada:
    a) mezcla   c) suspensión
    b) compuesto   d) solución   _____

95. El extremo hidrofílico de una molécula de champú es atraído por el:
    a) aceite   c) agua
    b) cabello   d) acondicionador   _____

96. El mantenimiento y renovación de los edificios está regulado por:
    a) leyes federales   c) leyes estatales
    b) ordenanzas locales   d) el departamento de licencias _____

97. El gasto más importante en un salón de belleza es:
    a) el alquiler   c) los salarios
    b) los suministros   d) la publicidad   _____

98. Los productos que se venden a los clientes son:
    a) suministros del almacén   c) suministros de consumo
    b) suministros de venta   d) suministros al por mayor   _____

99. Un salón propiedad de unos accionistas y que tenga una escritura de
    constitución se denomina:
    a) sociedad anónima (corporation) c) sociedad (partnership)
    b) negocio privado   d) propiedad individual   _____

100. Al seleccionar el emplazamiento de un salón de belleza, debe considerar:

a) su política personal

b) los servicios que ofrecerá

c) el número de empleados a contratar

d) la competencia directa